Das Gartenjahr im Gemüsegarten

ECON Ratgeber
Natur

Heidrun und
Friedrich Jantzen

Das Gartenjahr im Gemüsegarten

ETB
ECON Taschenbuch Verlag

CIP-Kurztitelaufnahme der Deutschen Bibliothek

Jantzen, Heidrun:
Das Gartenjahr im Gemüsegarten / Heidrun u. Friedrich Jantzen.
Orig.-Ausg. – Düsseldorf: ECON Taschenbuch Verlag, 1985.
(ETB; 20108: ECON Ratgeber Natur)
ISBN 3-612-20108-5
NE: Jantzen, Friedrich; GT

Originalausgabe

© ECON Taschenbuch Verlag GmbH, Düsseldorf
Dezember 1985
Umschlagentwurf: Ludwig Kaiser
Titelfoto und Fotos: Friedrich Jantzen
Zeichnungen: Edith Kuchenmeister-Fuchs
Die Ratschläge in diesem Buch sind von Autor und Verlag sorgfältig erwogen
und geprüft; dennoch kann eine Garantie nicht übernommen werden.
Eine Haftung des Autors bzw. des Verlags und seiner Beauftragten für
Personen-, Sach- und Vermögensschäden ist ausgeschlossen.
Satz: Formsatz GmbH, Diepholz
Druck und Bindearbeiten: Ebner Ulm
Printed in Germany
ISBN 3-612-20108-5

Inhaltsverzeichnis

Zeitgemäßer Gemüsegarten

In der heutigen Zeit, in der die Versorgung der Bevölkerung mit frischem Gemüse das ganze Jahr über gesichert und das Angebot groß ist, erscheint es eine Überlegung wert, ob man sich die Mühe machen soll, selbst Gemüse anzubauen. Die Bewirtschaftung eines großen Gartens mit dem Zweck, die Eigenversorgung möglichst vollständig zu sichern, ist gewiß nicht mehr zeitgemäß. Es kommt leicht zur Überproduktion, und die viele Mühe zahlt sich nicht aus.

Der Gemüsegarten hat sein Gesicht gewandelt. Es erfolgt kaum noch ein Anbau in der Weise, daß ganze Beete für eine einzige Gemüseart beansprucht werden. Man hat gelernt, viele Sorten nebeneinander anzubauen *(Mischkultur)*. Die Menge des herangezogenen Gemüses wird dem tatsächlichen Bedarf besser angepaßt. Man hat nicht viel davon, wenn man z. B. auf einmal etwa 100 schöne Salatköpfe zur Verfügung hat. Auch schoßfeste Sorten müssen in einer begrenzten Zeit abgeerntet werden, und so verdirbt oft der größte Teil des mühsam gepflegten Gemüses.

Die neue Art zu gärtnern besteht darin, durch Folgesaaten möglichst das ganze Jahr über Salat (oder anderes Gemüse) zur Verfügung zu haben. Das bedeutet, daß nur jeweils wenige Pflanzen herangezogen werden; es ist besser, überzählige Jungpflanzen auf den Kompost zu werfen als reifes Gemüse.

Die Planung zur rechten Zeit hilft, viel mühsame Arbeit im Laufe des Gartenjahres zu sparen. Man sollte auch nicht den Ehrgeiz haben, alle zur Verfügung stehenden Gemüsearten und -sorten zugleich anbauen zu wollen. Die Sortenzahl soll überschaubar bleiben. Lieber wechselt man im Laufe der Jahre immer wieder einmal die Gemüsearten, die man anbaut. Die völlige Abtrennung des Gemüsegartens vom Obst- oder Ziergarten sollte man nicht anstreben. Der Gemüseanbau läßt sich gut in den Gesamtgarten einfügen. Es wird empfohlen, für einen 4-Personen-Haushalt etwa 50 m^2 mit Gemüse zu bewirtschaften. Bei intensiver Nutzung ist ein so hoher Zuschuß zum Küchenbedarf aus dem Garten zu erwirtschaften, daß er das Haushaltsgeld merklich entlastet. Im Sommer und Herbst kann sogar das gesamte Frischgemüse aus dem Garten geholt werden. Überschüsse lassen sich für den Winter und das Frühjahr einfrieren oder einkochen.

Soll der Gemüsegarten auch die Versorgung mit *Kartoffeln* sicherstellen, so sind weitere 50 m^2 Gartenland notwendig – einen durchschnittlichen Bedarf vorausgesetzt.

Die völlige Selbstversorgung aus dem Garten ist heutzutage nicht mehr erstrebenswert, da nicht alle Gemüsearten hierzulande zu kultivieren sind. Auf manches im Handel günstig oder überhaupt angebotene Gemüse möchte man nicht verzichten.

Letztlich spielt bei der Beschränkung auf ein kleines Gemüseanbaustück im Garten der Aufwand eine Rolle. Er muß in einer angemessenen Zeit, z. B. nach Feierabend, zu bewältigen sein. Unzeitgemäßer Großanbau lohnt sich nicht mehr, da er zu viel an wertvoller Freizeit erfordert. Man sollte sich nur so viel vornehmen, wie man im Rahmen eines erholsamen Gartenhobbys bewältigen kann. Die aufgewendeten Arbeitsstunden lassen sich hier wertmäßig nicht aufrechnen. Dann wäre selbst verhältnismäßig teures Handelsgemüse im Endeffekt billiger.

Phänologische Jahreszeiten

Die Einteilung des Gartenjahres in Monate bedingt, daß zwangsläufig größere Zeiträume angegeben werden müssen, um den Vegetationsbedingungen gerecht zu werden. Eine genaue kalendermäßige Angabe, z. B. des Aussaattermins, ist kaum möglich, da sie entweder noch zu früh sein kann, weil der Winter lang und kalt war, oder aber die Entwicklung der Natur bereits so weit fortgeschritten ist, daß man schon früher säen kann.

Ebenso ist es mit dem kalendermäßigen Frühjahrs- oder Herbstanfang. Er stellt lediglich den Zeitpunkt eines bestimmten Sonnenstandes im mitteleuropäischen Raum dar, und zwar die Tagundnachtgleiche. Zwar reagieren die Pflanzen weitgehend auch auf die Tageslänge oder die Sonnenscheindauer, doch kommen noch andere klimatische Bedingungen, nach denen sich ihre Entwicklung richtet, hinzu.

Sehr wichtig ist z. B. der jahreszeitliche Temperaturverlauf für die Pflanzen. Dieser ist nicht in allen Gegenden Mitteleuropas gleich. Es gibt Gebiete, in denen es früher und länger warm ist als in anderen. Selbst an einem bestimmten Ort gibt es günstige und ungünstige Lagen, die jeweils ihr eigenes Kleinklima besitzen. Während z. B. in geschützten Lagen die Vegetation schon weit vorangekommen ist, ist sie an ungeschützten, windausgesetzten Stellen noch weit zurück.

All dies kann der astronomische Kalender nicht erfassen. Richtet man sich jedoch nach allgemeinen Erscheinungen in der Natur, so lassen sich die richtigen Zeiten für die Gartenar-

beiten daran besser ablesen. In vielen Atlanten kann man Spe-
zialkarten finden, auf denen die Zeit der Apfelblüte, Roggen-
ernte o. ä. eingetragen ist. Solche Erscheinungen (Phäno-
mene) ergeben eine am örtlichen Klima orientierte Einteilung.
Folglich spricht man von *phänologischer Einteilung* bzw. *phä-
nologischen Jahreszeiten.*

Für den Garten hat sich die Einteilung in 8 phänologische Jahreszeiten bewährt, wie sie Heinrich Grupe erarbeitet hat. Der
Beginn der Jahreszeit wird jeweils an einer Erscheinung ge-
messen, die allgemein zu beobachten ist. Es müssen Pflanzen
sein, die überall vorkommen. In Anlehnung an Grupes Vorschläge wird auch hier verfahren.

Das *Frühjahr,* in dem besonders viel im Garten geschieht, wird
in 3 Abschnitte unterteilt: Vorfrühling (Stäuben der Haselkätzchen), Erstfrühling (Laubaufbruch der Roßkastanie) und
Vollfrühling (Blüte der Roßkastanie). Mit dem Auftreten der
für die folgende Jahreszeit typischen Erscheinung endet die jeweils vorangegangene Jahreszeit. Die Erscheinungen dauern
nicht die gesamte Jahreszeit über an.

Auch der *Sommer* ist so komplex, daß man ihn besser unterteilt: Frühsommer (Blüte des Holunder) und Hochsommer
(Reifen der Vogelbeeren).

Der *Herbst* zeigt ebenfalls kein einheitliches Gesicht, und man
unterscheidet Frühherbst (Fruchtabwurf der Roßkastanie)
und Herbst (Laubverfärbung der Roßkastanie). Wenn die
Roßkastanie ihr Laub gänzlich verliert, beginnt die 8. Jahreszeit, der *Winter.*

Vorfrühling

Beginn mit dem Stäuben der Haselkätzchen.
In wärmeren Gegenden Anfang Februar – Mitte April,
in kühleren Gegenden Mitte März – Ende April.

Die Witterung ist noch sehr unbeständig. Nach einigen warmen Tagen kann der Winter mit Eis und Schnee zurückkehren. Doch ist die Kälte im allgemeinen nicht mehr sehr stark. Die Schneeglöckchen treiben aus, selbst wenn durch einen späten Kahlfrost die Blattspitzen erfrieren.

Im Gemüsegarten beginnt allmählich die Arbeit. Die ersten Kulturen können nur an denjenigen Stellen vorgenommen werden, die bereits im Herbst hergerichtet wurden. Auch dann kommen nur wenige Gemüsearten in Frage, die unter dem Schutz von Abdeckungen heranwachsen können.

Sobald gegen Ende des Vorfrühlings der Boden warm und trocken geworden ist, beginnt die Gartenarbeit in vollem Umfang.

Bodenbearbeitung

Wenn der Boden so weit abgetrocknet ist, daß er nicht mehr am Spaten kleben bleibt, wird er für die Frühjahrsbestellung hergerichtet. Durch die Niederschläge im Winter – teils Schnee, teils Regen – ist er verdichtet und muß aufgelockert werden. Grabschollen vom Herbst sind meist ebenfalls verdichtet, so daß auch sie bearbeitet werden müssen. Die Frostgare, die man sich früher bei den über Winter offenliegenden Schollen versprochen hat, ist viel geringer als angenommen.

Die Bodenbearbeitung soll möglichst in der Weise geschehen, daß die Schichten nicht verändert werden, da die Organismen, die in den oberen Bodenschichten leben, absterben, wenn sie in die Tiefe geraten, und umgekehrt.

Ist der Boden nicht sehr fest geworden, sollte man ihn nur mit einer einzinkigen Ziehhacke (z. B. *Sauzahn*) gründlich durcharbeiten. Auch ein mehrzinkiges Gerät, das als *Kultivator* bezeichnet wird, ist geeignet. Nur braucht man dazu mehr Kraft, und der Boden wird nicht so tief durchgearbeitet. Die Feinstruktur wird anschließend mit der *Harke* (Rechen) hergestellt, mit der man die noch vorhandenen Klumpen zerdrückt und glättet.

Gegraben wird nur in zwei Fällen:

● Der Boden ist so stark mit Unkraut bewachsen, daß man es am besten durch Umwenden der Grabschollen beseitigt. Die oberirdischen Teile sollen aber vorher so gut es geht entfernt werden.

● Der Boden ist so stark verdichtet, daß man ihn nur noch durch Graben tiefgreifend lockern kann. Dies ist dann wichtiger, als auf die Erhaltung der Bodenorganismen zu achten, die sich nach einiger Zeit regenerieren, wenn man nicht zu häufig gräbt.

Die abgestochenen Schollen werden beim Graben umgewendet. Wenn man anstelle eines Spatens eine Grabgabel benutzt, zersticht man weniger Regenwürmer. Außerdem lassen sich die Schollen leichter zerkrümeln.

Gartenplan

Eine rechtzeitige Planung bewahrt den Hobbygärtner vor manchem Mißerfolg und vor unnötigen Ausgaben beim Samenkauf.

Zu Beginn des Vorfrühlings ist es an der Zeit, sich darüber klar zu werden, was im laufenden Jahr angebaut werden soll. Wenn der Gemüsegarten groß ist und noch mit Stallmist gedüngt wird, muß man auf die Fruchtfolge von Stark-, Mittel- und Schwachzehrern achten (siehe folgendes Kapitel).

Auch sonst ist es vorteilhaft, sich grob zu skizzieren, wie der Garten bestellt werden soll. Das muß keineswegs maßstabsgerecht sein, wie es häufig empfohlen wird. Bei der Planung sollten die Familienmitglieder gemeinsam absprechen, was gewünscht wird. Dabei muß die Größe des Gemüsegartens berücksichtigt werden. Aus der Fülle des Angebots kann man dann das Entsprechende auswählen.

Düngung

Aus dem Gemüsegarten wird durch die Ernte so viel Pflanzenmasse entnommen, daß der Boden allmählich seine Nährstoffvorräte verliert. Um das auszugleichen, muß gedüngt werden.

Früher war es üblich, jedes Jahr einen Teil des Gartens mit *Stallmist* zu düngen, der untergegraben wurde. Der Boden erhält dadurch sehr viele Nährstoffe und ist nur für bestimmte Pflanzenarten geeignet, z. B. Kohlarten (Starkzehrer). Im folgenden Jahr ist der Boden noch immer so nährstoffreich, daß ohne erneute Düngung die Mittelzehrer, z. B. Wurzelgemüse und Kartoffeln, gut gedeihen. Für die Schwachzehrer, z. B. Bohnen, Erbsen, Salat, reichen die Nährstoffvorräte sogar noch ein 3. Jahr aus.

Wenn – was heute die Regel sein dürfte – nicht mehr mit Stallmist gedüngt wird, ist auf jeden Fall für die Zuführung von reichlich Kompost in den Boden zu sorgen. Darüber hinaus gibt man *Mineraldünger* (Kunstdünger) entsprechend dem

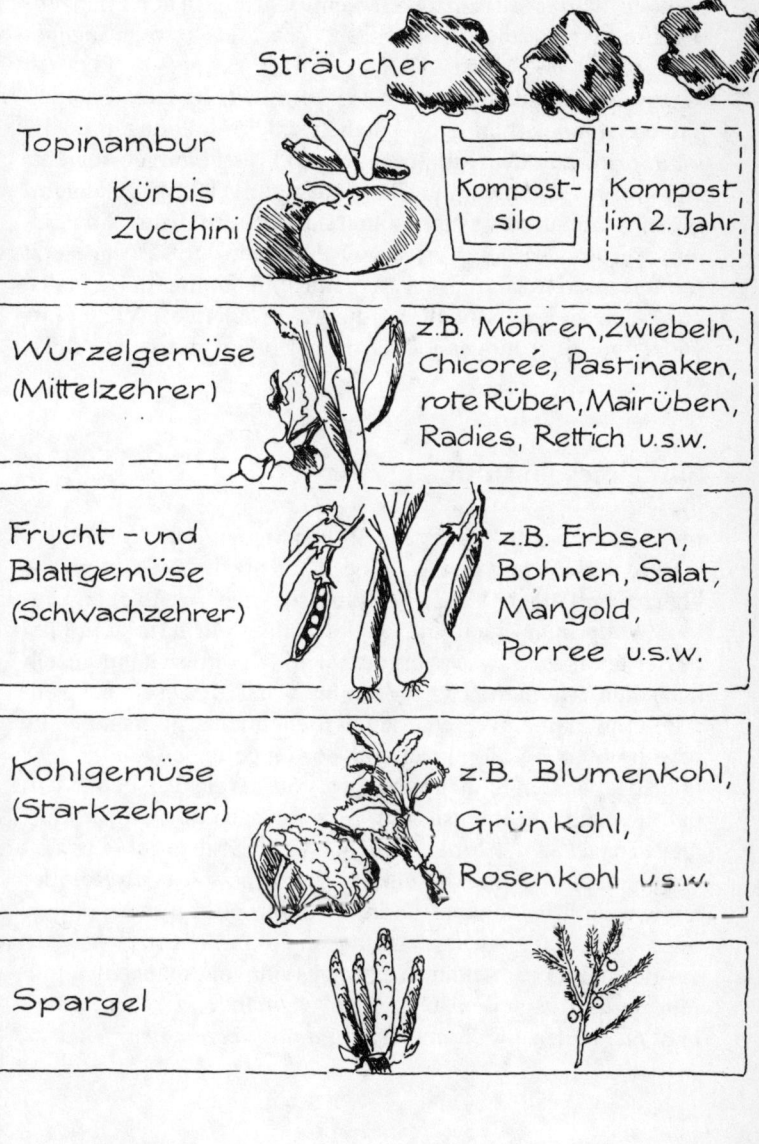

Sträucher

Topinambur
Kürbis
Zucchini

Kompost-silo

Kompost im 2. Jahr.

Wurzelgemüse
(Mittelzehrer)

z.B. Möhren, Zwiebeln,
Chicorée, Pastinaken,
rote Rüben, Mairüben,
Radies, Rettich u.s.w.

Frucht – und
Blattgemüse
(Schwachzehrer)

z.B. Erbsen,
Bohnen, Salat,
Mangold,
Porree u.s.w.

Kohlgemüse
(Starkzehrer)

z.B. Blumenkohl,
Grünkohl,
Rosenkohl u.s.w.

Spargel

Nährstoffbedarf der einzelnen Gemüsearten. In den Pflanzen-beschreibungen im 2. Teil des Buches ist dies jeweils angegeben.

Wenn eine Bodenanalyse im Winter nichts anderes ergeben hat, verwendet man grundsätzlich einen Volldünger (z. B. *Blaukorn)*, den man ausstreut oder in Wasser aufgelöst gießt. Der Dünger soll nicht auf die Blätter der Pflanzen gelangen. Mineraldünger wirkt nicht anders als Naturdünger. Aus diesem werden bei der Verrottung dieselben Stoffe freigesetzt (mineralisiert). Zusammen mit genügend Humus im Boden ist in Maßen angewandter Kunstdünger problemlos. Viele Gartenfreunde überdüngen jedoch ihren Boden, und das ist schädlich.

Samenbeschaffung

Im Februar beginnt der Verkauf von Samen. Die Versandgeschäfte verschicken ihre Kataloge. Leicht wird man durch das überreiche Angebot dazu verführt, zu viele Sorten einzukaufen. Wenn man einen Gartenplan aufgestellt hat, kann man besser übersehen, was gebraucht wird. Es gilt, sich nur gezielt nach dem, was man sich vorgenommen hat, umzusehen. Eventuell muß man an verschiedenen Stellen kaufen, bis man alle gewünschten Gemüsearten und -sorten gefunden hat.

Die abgepackten Samenportionen sind so reichlich bemessen, daß man für ein intensiv mit Gemüse bebautes Gartenstück meist zu viel Samen einer Sorte hat. Man sät zu gegebener Zeit nur so viel aus, wie vorgesehen war, und bewahrt den Rest des Samens auf. Einerseits kann es durch Witterungseinflüsse oder Ungeziefer Ausfälle geben, die man durch Nachsaaten ausgleichen muß. Andererseits ist es sinnvoll, manche Gemüsearten in Abständen häufiger nacheinander zu säen, damit man nicht alles auf einmal ernten muß *(Folgesaaten).*

Regenwürmer

Zu einem gesunden Garten gehören viele Regenwürmer. Nicht nur im Kompost, sondern auch im Garten selbst sind sie sehr nützlich. Sie bauen sich ihre Gänge durch die Bodenschichten und vermischen diese auf natürliche Weise. Ihren Kot setzen sie an der Bodenoberfläche als Haufen von Sandwürstchen ab. Diese sind sehr nährstoffreich, denn der Regenwurm hat sich regelrecht durch das Substrat hindurchgefressen und viel Erde durch seinen Darm hindurchgehen lassen.

Abgestorbene und welke Pflanzenteile zieht der Regenwurm in seine Röhre hinein, damit sie durch Verrotten weicher werden, ehe sie verzehrt werden können. Er besitzt nämlich keine Beißwerkzeuge in der Mundhöhle. Dem Regenwurm fällt allerdings auch manche frisch gesetzte Salatpflanze oder manches andere zum Opfer. Doch sollte man den Verlust nicht überbewerten. Sollte er zu groß werden, dann hilft das Ausstreuen von Schneckenkorn auch gegen die überhandnehmenden Regenwürmer.

Regenwürmer benötigen einen ständig feuchten Boden. Trocknet dieser im Sommer aus, dann verkriechen sie sich in tiefe Bodenschichten und warten zusammengeringelt auf die Zeit, in der es wieder feuchter ist. Das Abwandern der Regenwürmer in die Tiefe kann man durch Mulchen verhindern. Unter der Streu bleibt der Boden noch immer etwas feucht, und das reicht, um die Regenwürmer aktiv zu halten.

Zimmergewächshaus

Man kann bereits im Vorfrühling Gemüsepflanzen heranziehen, wenn man Saatschalen benutzt, die im Zimmer verwendet werden. Es gibt Anzuchtschalen aus Plastik, die so schmal sind, daß sie gut auf der Fensterbank aufgestellt werden können. Gegen die trockene Zimmerluft schützt eine Abdeckhaube aus durchsichtigem Plastikmaterial. Diese Schalen werden als *Zimmer-* oder *Minigewächshäuser* bezeichnet.

Im Zimmergewächshaus benutzt man am besten eckige Torftöpfchen oder kleine Plastiktöpfe, die man mit Anzuchterde
füllt, oder Torfquelltöpfe. In jedes Töpfchen werden wenige
Samen ausgesät und leicht mit Erde bedeckt.

Bei großen Pflanzen, wie *Gurken, Kürbissen* usw., werden zunächst jeweils 3 kräftige Keimlinge stehen gelassen und nach
und nach die schwächeren bis auf einen ausgezupft. So spart
man sich das aufwendige Pikieren und erhält gut bewurzelte
Pflanzen zum Aussetzen ins Freiland.

Bei Pflanzen, die nicht so groß werden, kann man ähnlich verfahren, doch läßt man mehrere (5–10) in einem Töpfchen stehen und heranwachsen. Auch hier kann man auf das Pikieren
verzichten. Die Einzelpflanzen werden beim Aussetzen vorsichtig an den Wurzeln auseinandergezogen. Alle Aussaaten
im Zimmergewächshaus müssen sorgfältig etikettiert werden.

Andere Anzuchtverfahren, die ein *Pikieren* (Auspflanzen der
Keimpflanzen) erfordern, können für das Zimmergewächshaus nicht empfohlen werden. Sie nehmen zu viel Platz in Anspruch.

Neuerdings gibt es auch einige Samensorten im Handel, die an kleinen Pappstreifen befestigt sind und jeweils die Portion für einen Anzuchttopf enthalten (Quick Sticks). Man braucht sie nur noch bis zu einer Markierung in die Erde zu stecken und anzugießen. .

Frühbeet

Auch im Garten lassen sich schon frühzeitig Vorkulturen durchführen, sofern man sich ein Frühbeet anlegt. Es besteht im Grunde nur aus einem in die Erde eingelassenen Kasten, der mit einem Fenster oder einer durchsichtigen Hartplastikplatte abgedeckt wird.

In den Kasten füllt man zuunterst eine 10–20 cm dicke Schicht aus Laub oder Stroh und gibt darauf eine ebenso dicke Schicht Komposterde. Anstelle der Unterschicht kann man auch dicke Styroporplatten (Poresta) verwenden. Sie isolieren sogar noch besser gegen die Bodenkälte. Hier sind die heranwachsenden Pflanzen gegen Bodenfrost geschützt. *Salat, Kohl* u. a. lassen sich so besser als im Zimmer vorkultivieren. Zeitige Radieschen kann man sogar aus dem Frühbeet ernten.

Auch zu anderen Jahreszeiten bewährt sich ein Frühbeet, da man darin Pflanzen vor Ungeziefer und Witterungseinflüssen geschützt heranziehen kann. Bei starker Sonneneinstrahlung muß die Abdeckung zur Lüftung angehoben werden.

Aussaaten

Im Vorfrühling sät man erst dann ins Freiland aus, wenn der Boden einigermaßen abgetrocknet ist. Nur wenige Gemüsearten, z. B. *Möhren,* können schon in den noch recht kalten Boden gesät werden. Mit Ausfällen muß jedoch gerechnet werden.

Sät man früh ein, so kann man meist auch mit einer zeitigen Ernte rechnen. Bringt die frühe Aussaat keinen Erfolg, etwa durch ungünstige Witterungsverhältnisse, so wird später nachgesät.

In den Pflanzenbeschreibungen im 2. Teil des Buches ist jeweils angegeben, ab wann die Aussaaten erfolgen können.

Erstfrühling

Beginn mit dem Laubaufbruch der Roßkastanie.
In wärmeren Gegenden Mitte April – Anfang Mai,
in kühleren Gegenden Anfang Mai – Ende Mai.

Wenn die klebrigen Blattknospen der Roßkastanie aufplatzen und die ersten, noch wollig behaarten Blätter hervortreten, dann erwacht auch an vielen anderen Stellen die Vegetation zu neuem Leben. Im Garten gibt es schon viel zu tun. Verschiedene Aussaaten und manche Pflanzungen werden vorgenommen.

Jeden Tag schaut man nach, ob sich etwas im Garten verändert hat: Vielleicht sind schon Samen aufgegangen? Für empfindliche Pflanzen ist der Boden um diese Zeit noch zu kalt. Bodenfröste können sie schädigen.

Kompostsilo

Für den kleinen Gemüsegarten kommt die Anlage herkömmlicher Komposthaufen nicht in Betracht. Sie nehmen zu viel Platz in Anspruch.

Es gibt verschiedene Behälter, in denen das zu kompostierende Material auf kleinem Raum zusammengehalten werden kann (Kompostsilo).

Man stellt einen Kompostsilo an einer beschatteten Stelle im Garten auf. In ihm werden die ständig im Gemüsegarten anfallenden Pflanzenreste gesammelt. Beim Unkrautjäten wird zwangsläufig etwas von der an den Wurzeln haftenden Erde mit eingebracht. Mit ihr kommen Bodenorganismen in den Kompostsilo, die die Mineralisierung des Materials einleiten.

Küchenabfälle, die Ungeziefer, Mäuse und sogar Ratten anlocken könnten, lassen sich zwar kompostieren, doch soll man sie nicht in größerer Menge in den Kompostsilo werfen. Auch Eierschalen gehören nicht hinein, denn sie verrotten nicht.

Wenn man Grasschnitt mitverwendet, muß man ihn in dünnen Schichten mit anderem Material mischen, denn dicke Grasschichten faulen eher, als daß sie verrotten.

Die Größe eines Kompostsilos soll so bemessen sein, daß er in einem Gartenjahr gefüllt ist. Dabei ist zu beachten, daß die Pflanzenreste während des Verrottens in sich zusammensinken. Im Laufe der Zeit paßt etwa dreimal soviel in den Behälter hinein, als sich anhand von frischem Material berechnen läßt.

Über Winter bleibt der gefüllte Kompostsilo sich selbst überlassen. Erst im Frühjahr muß man ihn für das neue Gartenjahr herrichten. Dazu wird der Inhalt mit der Grabgabel herausgenommen und daneben auf einen Haufen geschichtet. Diesen deckt man mit etwas Erde ab und läßt ihn das laufende Jahr hindurch reifen. Im nächsten Jahr hat man bereits Rohkompost, den man in den Boden einarbeiten kann. Die Mineralisierung der teilweise noch vorhandenen Pflanzenteile erfolgt dann schnell.

Zu *Komposterde* hat sich das Material in diesen 2 Jahren noch nicht entwickelt. Will man solche erhalten, dann setzt man ein zweites Mal um und siebt den Kompost im 3. Jahr durch, um ihn von groben Teilen zu befreien. Dann bekommt man eine feine, nährstoffreiche Erde, die z. B. im Frühbeet verwendet werden kann.

Wurzelunkräuter

Als erste Unkräuter kommen die Arten wieder zum Vorschein, die sich mit unterirdischen Teilen über den Winter erhalten haben. Es sind die Wurzelunkräuter, z. B. der Ackerschachtelhalm *(Equisetum arvense)*, die Quecke *(Agropyron repens)*, die Große Brennessel *(Urtica dioica)*, der Giersch *(Aegopodium podagraria)*, die Ackerwinde *(Convolvulus arvensis)* und andere.

Soweit möglich, sollten ihre Wurzeln schon im Vorfrühling bei der Bodenbearbeitung herausgelesen werden. Oft erkennt man sie jedoch erst, wenn sie wieder grüne Teile bilden.

Solange der Boden noch nicht bepflanzt oder eingesät ist, kann man die Wurzeln mit der Grabgabel herausarbeiten; man versucht dabei, die unterirdischen Teile möglichst vollständig zu entfernen. Auch kleinere Wurzelteile, die z. B. mit dem Spaten abgestochen wurden, schlagen nämlich wieder aus und werden zu üppig wachsendem Unkraut.

Unterirdische Unkrautteile gehören nicht auf den Kompost. Sie würden dort weiterwachsen und durch das Ausbringen von Rohkompost im Garten verteilt. Man beseitigt sie mit dem Hausmüll.

Werden Wurzelunkräuter erst bemerkt, wenn der Garten schon bestellt ist und man nicht mehr graben kann, dann hilft nur noch das Aushungern. Alle grünen Pflanzen brauchen ihre Blätter, um sich zu ernähren und zu erhalten. Der Wurzelstock kann sie nur eine begrenzte Zeit hindurch am Leben halten. Wenn man aber immer wieder die heranwachsenden Triebe entfernt, dann geht das Unkraut allmählich ein. Diese Methode führt jedoch nur dann zum Erfolg, wenn sie regelmäßig und konsequent durchgeführt wird.

Vorkulturen

Im Erstfrühling werden vor allem noch Pflanzen, die eine recht lange Vegetationsdauer haben, in Vorkulturen im Zimmergewächshaus gezogen, da sie wegen der bevorstehenden Eisheiligen (Mitte Mai) noch nicht ins Freie gesät werden können, z. B. *Kürbis, Gurken, Tomaten.*

Anstelle der Torftöpfchen nimmt man besser etwas größere Plastiktöpfe (Container). Wenn man z. B. Joghurtbecher zur Anzucht verwenden will, darf man nicht versäumen, ein Wasserabzugsloch in den Boden zu schneiden. In rundherum geschlossenen Anzuchtgefäßen kommt es zu Staunässe, in der die Pflanzen faulen.

Abhärten

Vorkulturen im Zimmer sind vor den Unbilden der Witterung geschützt. Die jungen Pflanzen entwickeln sich, ohne daß sie sich in besonderem Maße mit ihrer Umwelt auseinandersetzen müssen. Dadurch verweichlichen sie.

Pflanzt man im Zimmer kultivierte Pflanzen sofort ins Freie, dann sind sie den rauhen Bedingungen, die im Erstfrühling noch herrschen (selbst nach den Eisheiligen Mitte Mai!), nicht immer gewachsen. Viele gehen scheinbar ohne ersichtlichen Grund ein.

Bei den Vorkulturen soll daher beachtet werden, daß sie nicht in zu warmen Räumen erfolgen. Auch müssen sie in genügend hellem Licht, also direkt am Fenster stehen, sonst vergeilen die Pflänzchen. Vor dem Auspflanzen stellt man sie etwa eine Woche lang tagsüber ins Freie und nimmt, wenn es die Witterung erlaubt, den Plastikdeckel des Zimmergewächshauses ab. Nachts holt man die Pflanzen wieder ins Zimmer. Gegen Ende der Woche kann man sie auch schon einmal draußen lassen, wenn nicht gerade Bodenfrost zu befürchten ist.

Im Laufe der Woche gewöhnen sich die Pflanzen an die Außenbedingungen. Das Umpflanzen bringt jetzt mehr Erfolg.

Falls ein Kälteeinbruch in die Abhärtungszeit fällt, muß diese natürlich entsprechend verlängert werden.

Folien im Garten

Die wechselhaften Witterungseinflüsse des Erstfrühlings (Aprilwetter) lassen sich ausgleichen, indem man die Pflanzen, die jetzt schon im Freien heranwachsen, durch *Folienabdeckungen* (Folientunnel, Sonnenhut, mitwachsende Folie, Vlies usw.) schützt. Unter Folien herrschen meistens einige Grade Wärme mehr als in der Umgebung, denn tagsüber kommt es durch die Sonneneinstrahlung – selbst wenn diese nur kurz oder diffus ist – zu einer Erwärmung unter der Folie.

Vlies   *Folientunnel*

Der Wind wird abgehalten und eine Auskühlung dadurch vermieden.

Plastikfolien, die luftundurchlässig sind, also weder gestanzte Löcher noch Schlitze haben, sind ungeeignet. Man soll sie nicht auf frisch ausgesäte Pflanzen legen. Es kommt leicht zu Fäulnis, besonders bei dickfleischigen Samen, wie Bohnen.

Geeignete Folien oder *Vlies* legt man über die fertigen Beete und beschwert sie an den Rändern mit Steinen oder Erde. Regen oder Gießwasser dringen durch Folie oder Vlies hindurch. Die Folienabdeckung schützt auch gegen Vogelfraß. Unter ihr sind z. B. Erbsen oder Salat besser heranzuziehen. Sind die Pflanzen kräftig genug, dann ist die Folie meist entbehrlich.

Folientunnel sind wie kleine Gewächshäuser. Sie müssen belüftet werden. Da Regen und Gießwasser von außen nicht eindringen können, muß auch gewässert werden.

Einzelpflanzen schützt man mit Hauben aus Hartplastik *(Sonnenhüte)*. Unter ihnen wachsen viele empfindliche Pflanzenarten im Erstfrühling besser heran als ungeschützt. Die Sonnenhüte schützen auch gegen Schneckenbefall.

Etiketten

Bei der Vielfalt der Pflanzenarten in einem intensiv bewirtschafteten Gemüsegarten ist eine Etikettierung besonders wichtig. Die Beobachtung der Kulturen in ihren Anfangsstadien ist nur bei entsprechender Markierung möglich.
Etiketten gibt es in verschiedenen Formen im Handel. Billiger stellt man sie selbst her, indem man im Haushalt anfallendes Plastikmaterial (Henkel von Waschpulververpackungen, Joghurtbecher usw.) entsprechend zurechtschneidet.
Etiketten mit glatter Oberfläche werden mit Fettstift oder wasserfestem Filzstift beschriftet. Ist die Oberfläche rauh, dann kann man mit einem Bleistift schreiben.
Außer dem Namen des Gemüses soll das Aussaatdatum notiert werden. So kann man gegebenenfalls entscheiden, ob die Keimpflanzen nicht mehr kommen werden und eine Nachsaat

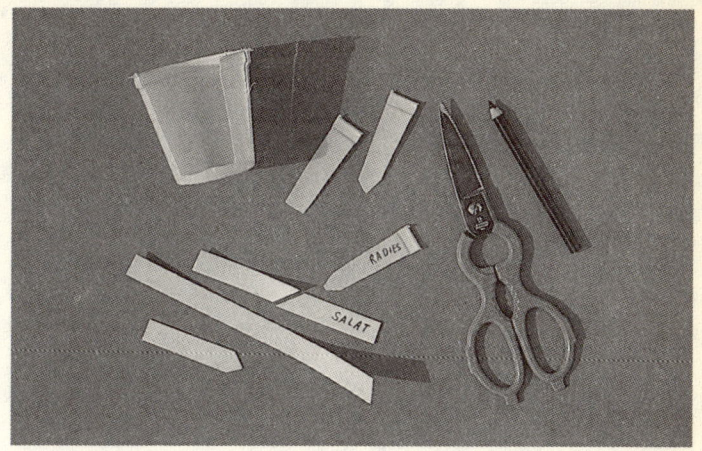

erforderlich ist. Jede Saatreihe wird gesondert etikettiert, damit sie wiederzufinden ist, wenn noch keine Pflanzen vorhanden sind.

Aussaaten

Im Freiland werden jetzt die meisten Gemüsearten gesät, z. B. *Möhren, Erbsen, Radieschen, Rettich, Mairüben, rote Bete, Mangold, späte Kohlsorten* u. a.
Obwohl die Aussaat in Reihen dem Garten ein recht unnatürliches Aussehen verleiht, ist sie dem breitwürfigen Säen aus praktischen Gründen unbedingt vorzuziehen. Die durch Etikett markierte Reihe ist auch schon vor dem Erscheinen der Keim-

pflanzen zu erkennen. Bis dicht an sie heran kann der Boden ständig bearbeitet und das Unkraut beseitigt werden.

Tiefe *Saatrillen,* z. B. für Erbsen, zieht man mit der schräg gehaltenen Hacke in den Boden. Flachere werden mit dem Stiel eines Gartengerätes nur leicht markiert. Nach dem Einsäen harkt man etwas Erde über die Rille und klopft sie fest.

Die *Bodenlockerung* ist besonders wichtig, wenn er vom Wind stark ausgetrocknet ist. Schwere Böden bekommen Risse, und die feinen Wurzeln der Keimpflanzen können zerreißen. Noch bieten keine Pflanzen mit großen Blättern einen Verdunstungsschutz über dem Boden.

Pflanzungen

Als erste Pflanzen kommen vorkultivierter *Salat* und *Kohl* in den Garten. Sie sind jetzt auch auf dem Wochenmarkt und in Gartengeschäften zu erhalten.

Die jungen Pflanzen setzt man in *Pflanzlöcher,* die man mit einer Handschaufel gegraben hat. Die Benutzung eines Pflanzholzes ist nicht zu empfehlen, weil der Boden durch das Eindrücken verdichtet wird.

Um die Wurzeln herum wird die Erde locker in das Pflanzloch geschoben. Erst wenn die Pflanze richtig im Boden steht, drückt man mit beiden Händen leicht an.

Kartoffeln werden im Keller vorgekeimt und später in Furchen gepflanzt. Da das Kartoffelkraut durch Bodenfrost geschädigt werden kann, pflanzt man am besten – je nach Gegend – Ende April oder Anfang Mai. Die Blätter erscheinen dann erst nach den Eisheiligen über dem Boden.

Wenn man *Zwiebeln* nicht durch Samen, sondern aus Steckzwiebeln heranziehen will, ist es jetzt an der Zeit, diese zu pflanzen. Durch Steckzwiebeln erhält man eine frühe Zwiebelernte.

Wühlmäuse

In manchen Gärten sind Wühlmäuse eine so starke Plage, daß sie die Freude am Gemüsegarten völlig verleiden können. Sie fressen Wurzeln und Knollen unter der Erde ab, und die oberirdischen Teile der Pflanzen zeigen durch ihr Verwelken an, daß sie geschädigt wurden.

Es gibt zwar einige Pflanzen, deren Geruch die Wühlmäuse meiden, z. B. die Kreuzwolfsmilch *(Euphorbia lathrys)*. Sie können aber nur in Teilen des Gartens angepflanzt werden, da sie sich sehr ausbreiten. Und wenn sie nicht dicht genug zusammenstehen, ist ihre Wirkung kaum von Bedeutung. Es ist empfehlenswert, Kreuzwolfsmilch um den Kompostsilo herum zu pflanzen.

Wer kein Gift anwenden will, muß versuchen, die Wühlmäuse mit Fallen zu fangen. Doch ist dies sehr mühsam, da die Fallen in die Gänge eingebracht werden müssen.

Einen gewissen Erfolg versprechen vergiftete Köder, meist Johannisbrot oder Möhrenstücke, die man in die Öffnungen der Gänge legt. Die betreffenden Stellen werden markiert und regelmäßig kontrolliert. Ist der Köder nicht angenommen worden – also noch unverändert an derselben Stelle –, dann entfernt man ihn wieder. An dieser Stelle wird der Gang von den Wühlmäusen nicht mehr benutzt.

Da Wühlmäuse auch unterirdisch in den Garten eindringen, empfehlen manche Hobbygärtner, das gefährdete Gartenstück durch einen etwa 30 cm tiefen Graben, den man mit Steinen und Glasscherben füllt und mit Erde abdeckt, lückenlos zu umgeben.

Vollfrühling

**Beginn mit der Blüte der Roßkastanie.
In wärmeren Gegenden Anfang Mai – Ende Mai,
in kühleren Gegenden Mitte Mai – Anfang Juni.**

Der Frühling ist inzwischen so weit fortgeschritten, daß die Roßkastanie voll belaubt ist. Auch andere Bäume sind grün geworden. Bei den Kastanien entfalten sich jetzt die weißen Blütenstände. Es gibt allerdings auch nebeneinanderstehende

Bäume, deren Blüten sich mit einigen Tagen Unterschied öffnen. Die ersten zeigen den Beginn der Jahreszeit an.

Der Boden ist wärmer geworden. Jetzt könnten auch die empfindlichen Pflanzen ins Freie gesetzt werden, doch meist gibt es um die Mitte des Monats Mai noch einmal einen Kälteeinbruch (Eisheilige, Kalte Sophie). Diese Zeit soll man auf jeden Fall vorübergehen lassen.

Der Hobbygärtner begeht seinen Garten im Vollfrühling besonders oft, bisweilen mehrmals am Tag. Die Beobachtung der heranwachsenden Pflanzen macht viel Freude. Dabei schaut man nach dem Rechten und schreitet gegen Ungeziefer ein, wenn es überhandnimmt.

Wässern

Wenn mit dem Vollfrühling die eigentliche warme Zeit des Jahres beginnt, muß mit kürzeren oder längeren Trockenperioden gerechnet werden. Während heimische Wildpflanzen Schwankungen in der Bodenfeuchtigkeit gut vertragen, sind die hochgezüchteten Kulturpflanzen durch Wassermangel stärker betroffen. Ihr Wachstum stockt, und der Ertrag wird gemindert. Auch die Qualität des Gemüses wird ungünstig beeinflußt. Radieschen z. B. werden bei Trockenheit pelzig.
Sobald der Boden merklich an Feuchtigkeit verliert, muß daher gewässert werden. Häufig genügt es, die Pflanzen kräftig mit der Gießkanne zu überbrausen oder den Wurzelballen ohne Brause zu gießen. Es ist wichtig, so reichlich zu wässern, daß das Wasser bis in tiefere Bodenschichten eindringen kann. Es braucht dann weniger häufig zu erfolgen. Oberflächliches Gießen nutzt den Pflanzen wenig, auch wenn es regelmäßig geschieht.

Da Gießwasser meist teuer bezahlt werden muß, empfiehlt es sich, Regenwasser oder spülmittelfreies Waschwasser aus der Küche zu sammeln.

Wer die schweren Gießkannen nicht tragen will, kann mit dem Gartenschlauch wässern. Da das Wasser meist verhältnismäßig kalt aus der Leitung kommt, läßt man es fein versprühen, damit es sich an der Luft erwärmen kann.

Vereinzeln

Bei der Aussaat in Reihen liegen die Samen so dicht zusammen, daß die Pflanzen später nicht genügend Platz nebeneinander haben. Sofort auf den richtigen Abstand zu säen, ist nicht möglich, weil es nicht vorhersehbar ist, wie viele Samen tatsächlich keimen werden. Bei ungünstigen Witterungseinflüssen entstehen sogar bei dichtem Säen hier und da große Lücken. In diese muß später nachgesät werden.

Die heranwachsenden Pflanzen werden so weit vereinzelt, daß sie sich genügend entfalten können. Anfangs kann man noch geringere Pflanzenabstände dulden. Man reißt nicht gleich auf einmal so viele Pflanzen aus, daß der Endabstand erreicht

wird, sondern tut dies mehrmals hintereinander in angemessenen Zeitabständen. Dann entsteht auch keine zu große Lücke, wenn die eine oder andere stehengebliebene Pflanze nicht gedeihen sollte.

Beim Vereinzeln (Verziehen) der Gemüsepflanzen fällt häufig schon verwertbares Gemüse an, z. B. bei *Mairüben, Spinat, Mangold* u. a.

Verzichtet man auf das Vereinzeln in den Saatreihen, dann gedeihen die Gemüsepflanzen nicht. *Radieschen* und *Möhren* bleiben dünn und lang (Mäuseschwänze); Blattgemüse wird bei zu engem Stand von Mehltau befallen oder geht in Fäulnis über.

Samenunkräuter

Der Gartenboden enthält reichlich Samen von Wildpflanzen, die erst keimen, wenn sie durch die Bodenbearbeitung an das Licht kommen (Lichtkeimer). Auch halten sich viele Unkrautsamen lange Zeit hindurch keimfähig; Vogelmiere soll fast 60 Jahre lang keimfähig bleiben.

Selbst wenn man den Garten durch ständiges Jäten möglichst unkrautfrei zu halten versucht, ist es doch nicht zu vermeiden, daß ständig wieder Samen von außen in den Garten gelangen. Viele weht der Wind hinein, andere verschleppen Ameisen, schließlich werden Unkrautsamen auch mit dem Regen eingeschwemmt.

Für die *Wildkräuter* – wie man die Unkräuter besser nennen sollte – ist der offene Boden des Gartens ein willkommener Lebensraum, den sie schnell zu besiedeln trachten. Da die Kulturpflanzen durch die lebenskräftigeren Wildkräuter in Bedrängnis geraten, muß man sie ständig von der Konkurrenz befreien.

Die Unkräuter, die sich durch Samen jedes Jahr von neuem ausbreiten, wie Vogelmiere *(Stellaria media),* Rote Taubnessel *(Lamium purpureum),* Kleine Brennessel *(Urtica urens),* Greiskraut *(Senecio vulgaris),* Franzosenkraut *(Galinsoga*

parviflora) und viele andere, müssen immer wieder beseitigt werden. Wenn es der Platz zwischen dem Gemüse zuläßt, hackt man häufig. Obwohl dabei nicht sämtliche Pflanzen vollständig zerstört werden, verschwinden doch die meisten. Zwischen dem Gemüse muß man die Unkräuter ausrupfen *(Jäten)*. Hacken und Jäten müssen erfolgen, bevor das Unkraut blüht. Nur so kann man die Ausbreitung durch Samen einschränken.

Wenn man beim Jäten die Pflanze nicht mit der Wurzel aus der Erde bekommt, sticht man sie mit dem Messer aus.

Abhärten

Ähnlich wie die Vorkulturen aus dem Zimmer müssen auch die Pflanzen, die unter Folie herangezogen wurden, abgehärtet werden. Nach den Eisheiligen Mitte Mai ist die Verwendung von Folien meist nicht mehr erforderlich, es sei denn, man braucht sie noch als Schutz gegen Vogelfraß.

Unter den Folienabdeckungen waren die Pflanzen von vielen Witterungseinflüssen verschont geblieben. Man darf sie diesen nicht plötzlich aussetzen. Anfangs wird die Abdeckung nur stundenweise entfernt. Nach ein paar Tagen bleibt sie nur noch nachts auf den Pflanzen, bis man schließlich ganz darauf verzichtet.

Die Folienabdeckung wird auch nach der Abhärtung der herangezogenen Gemüsepflanzen immer dann wieder aufgebracht, wenn extreme Witterungsbedingungen auftreten. Im Sturm werden z. B. zarte Pflanzen noch leicht zerzaust. Unter einer gut befestigten Folie kann man sie davor bewahren. Auch bei zu starkem und lang anhaltendem Regen ist eine vorübergehende Abdeckung manchmal vorteilhaft.

Im Vollfrühling kann es noch kühle oder kalte Perioden geben. In solchen Zeiten fördert man das Wachstum des Gemüses erheblich, wenn man die Abdeckungen nochmals für einige Tage aufbringt. In naßkalten Sommern ist es sogar angebracht, empfindliches Gemüse, z. B. *Gurken, Kürbis* u. a., ganz unter Folientunneln zu kultivieren.

Aussaaten

Bohnen sät (legt) man erst, wenn die Eisheiligen vorüber sind. Die fleischigen Samen quellen im feuchten Boden und würden erfrieren, wenn sie einem Bodenfrost ausgesetzt wären.

Bei den Gemüsen, die bereits im Erstfrühling gesät wurden, erfolgen Nachsaaten, sofern nicht genügend Keimpflanzen erschienen sind. Die nachgesäten Pflanzen holen die ersten häufig im Wachstum ein, da es jetzt wärmer ist.

Bei manchen Gemüsen erfolgen bereits Folgesaaten, z. B. *Radieschen, Salat.* Dazu wird um diese Zeit sommergeeignetes Saatgut verwendet. Es gibt spezielle Züchtungen, bei denen die Pflanzen im Sommer nicht oder nur wenig schießen.

Pflanzungen

Die im Zimmer vorkultivierten *Kürbis-, Tomaten-* und *Gurkenpflanzen* werden nach den Eisheiligen Mitte Mai ins Freie gesetzt. Auch sie sollen wie die anderen Gemüse, die man schon eher pflanzen konnte, abgehärtet werden. Wenn das Wetter noch unbeständig ist, schützt man die Einzelpflanzen mit Sonnenhüten. Bei größeren bepflanzten Flächen ist die Abdeckung mit dem Folientunnel praktischer.

Kohlsorten und *Sellerie* sind so weit herangezogen worden, daß man sie auspflanzen kann. *Salat* und *Kohlrabi* werden aus Folgesaaten nachgepflanzt.

Ungeziefer

Im Vollfrühling werden die heranwachsenden Pflänzchen im Gemüsegarten am meisten von unerwünschten Tieren bedroht. Über Nacht kann es zu Kahlfraß an bestimmten Gemüsen kommen. Andere, die gerade aus den Samen hervorgegangen sind, können schon so weit abgefressen werden, daß eine weitere Entwicklung nicht möglich ist.

Den größten Ärger bereiten dem Hobbygärtner die *Schnecken*. Während Gehäuseschnecken meist harmlos sind und kaum Schaden anrichten, sind Nacktschnecken sehr gefräßig. Sehr häufig finden sich die *Graue Salatschnecke* und die *Rote Wegschnecke* im Garten ein. Ihre Aktivitäten entwickeln sie nachts, so daß man sie oft gar nicht zu Gesicht bekommt. Am nächsten Morgen weisen vielleicht noch Schleimspuren am Boden in der Nähe der Schadstellen auf die Schnecken hin.

In dieser Jahreszeit kann man sich meist nicht anders gegen die Schneckenplage helfen, als Gift *(Schneckenkorn)* zu streuen. Es wirkt auf die Schnecken als Köder, zu dem sie kriechen und von ihm fressen. Danach sterben sie. Nach einem ausgiebigen Regen sind die Körner ausgewaschen und wirkungslos. Man muß neu streuen.

Da auch Regenwürmer von den Körnern fressen, ist die Anwendung auf die Zeit zu begrenzen, in der die Jungpflanzen besonders bedroht sind. Später begnügt man sich damit, die Schnecken mit Bier (in Schälchen) oder Haferflocken zu ködern. In der Nähe der ungiftigen Köderstellen kann man sie

am frühen Morgen aufsammeln und vernichten. Diese Methode ist allerdings nicht vollkommen; es bleiben Schnecken am Leben, die aber den inzwischen größer gewordenen Pflanzen nicht mehr so viel schaden.

Im Vollfrühling können auch die sonst so wertvollen *Regenwürmer* zur Last werden. Sie ziehen z. B. frisch gepflanzten Salat unter die Erde, um ihn zu verzehren.

Pflanzen, die ohne ersichtlichen Grund vertrocknen, sind durch *Erdraupen* oder andere Insekten unter der Erde abgefressen worden. Gegen alle diese kann man wenig tun; man muß entsprechend nachpflanzen oder nachsäen.

Pflanzenkrankheiten

Wenn die Gemüsepflanzen zu dicht stehen, breiten sich wegen der mangelnden Durchlüftung *Mehltau* und andere Pilzkrankheiten aus. Da diese sehr schwer zu bekämpfen sind, sollte man beizeiten für genügend Raum zwischen den Pflanzen sorgen. Die Angaben über Reihen- und Pflanzenabstände bei den Pflanzenbeschreibungen im 2. Teil des Buches erscheinen anfangs oft als zu groß. Wenn die Jungpflanzen aber groß und

kräftig geworden sind, brauchen sie diesen Platz für ein gesundes Gedeihen. Es gibt auch mehltauresistente Sorten, die man beim Samenkauf bevorzugen sollte.

Eine Pilzkrankheit, gegen die es weder resistente Sorten noch natürliche Abhilfe gibt, ist die *Kohlhernie*. An Kohlpflanzen und anderen Kreuzblütlern – sogar Unkraut – bilden sich knollenartige Verdickungen im Wurzelbereich durch die Pilzinfektion. Diese können sich zu krebsartigen Gebilden auswachsen. Der Boden wird mit unzähligen Pilzsporen verseucht, die nur mit Basamidgranulat zu vernichten (entseuchen) sind.

Durch verseuchten Boden werden jedes Jahr von neuem Kohlpflanzen infiziert. Da sich die Pilzsporen nur in feuchtem, leicht saurem Boden halten, ist eine Erhöhung des Kalkgehaltes vorteilhaft. Zwar werden die Krankheitskeime dadurch nicht vernichtet, aber am Auskeimen, also am Infizieren des Kohls, gehindert.

Wurzeln von hernieinfizierten Pflanzen dürfen nicht auf den Kompost geworfen werden. Man beseitigt sie mit dem Hausmüll.

Ernten

Sofern man den Garten frühzeitig bestellen konnte, gibt es inzwischen die ersten Ernten, z. B. von *Salat, Spinat* und *Radieschen*. In günstigen Lagen ist auch schon früher *Kohlrabi* erntereif.

Gegen Ende des Vollfrühlings ist Erntezeit für den *Spargel. Bleichspargel* sticht man vorsichtig über der Wurzel ab, nachdem man die gerade aus dem Boden hervorgewachsene Stange von der Anhäufelung freigelegt hat. Nach dem Stechen füllt man den Sand an der Erntestelle wieder auf.

Einfacher ist die Ernte des *Grünspargels*. Da er nicht angehäufelt wird, braucht man die Stangen nur dicht über dem Boden abzuschneiden. Die richtige Zeit ist dann gekommen, wenn die Stangen etwa 20 cm lang gewachsen sind und am Kopf noch nicht austreiben.

Frühsommer

**Beginn mit der Blüte des Schwarzen Holunders.
In wärmeren Gegenden Ende Mai – Mitte Juli,
in kühleren Gegenden Mitte Juni – Ende Juli.**

Der schwarze Holunder wuchs früher an jedem Haus. Auch
heute ist er noch weit verbreitet, und man wird es nicht übersehen, wenn seine weißen Blütendolden aufblühen. Manche
verwenden die Blüten (Fliederblüten) zur Bereitung verschie-
dener Speisen.

Jetzt beginnt der Sommer.
Die Gräser fangen an zu blühen, und der Wind nimmt
den Blütenstaub mit. Es ist
die Zeit, in der viele Menschen vom Heuschnupfen ge-
plagt werden. Auch die Lin-
den blühen um diese Zeit und
erfüllen die Luft mit ihrem
Duft.
Im Garten wächst es kräftig.
Der Boden muß besonders
nach Regen immer wieder gelockert werden. Auch das
Unkraut breitet sich mächtig
aus und muß soweit beseitigt
werden, daß die Gemüse-

pflanzen genügend Platz haben. Manches Gemüse kann geerntet werden. Folgesaaten sind noch den ganzen Frühsommer hindurch möglich.

Bodenbearbeitung

Zur Bodenbearbeitung während der Vegetationszeit werden zwei verschiedene Hackentypen verwendet. Die regelmäßige Lockerung der Bodenoberfläche führt man mit einem *Grubber* durch. Das ist eine Hacke mit 3 kurzen Zinken. Mit ihr kann man bis dicht an die Pflanzen heranarbeiten und auch zwischen ihnen den Boden lockern. Mit einem langgestielten Grubber lassen sich größere Flächen bequem bearbeiten. Einen kurzen Grubber benutzt man, wenn man beim Unkrautjäten am Boden hockt.

Wenn beim Hacken das Unkraut mit beseitigt werden soll, benutzt man eine Hacke mit dünnem, scharfem Blatt. Es gibt auch Modelle, bei denen das Blatt schmal und an einem Bügel befestigt ist. Da mit der *Blatthacke* der Boden nur in der obersten Schicht gelockert werden kann, ist es zu empfehlen, mit dem Grubber nachzuarbeiten.

Je häufiger im Frühsommer die Bodenoberfläche gelockert wird, desto langsamer trocknet der Boden in tieferen Schichten aus.

Mulchen

Infolge des schnellen Wechsels von Anbau und Ernte kommt es im Gemüsegarten immer wieder zu offenen Stellen an der Bodenoberfläche. Sie ist dann nicht durch einen dichten Pflanzenwuchs geschützt. Das fördert die Austrocknung einerseits und die Verschlämmung während langer Regenperioden andererseits. Daher wirkt es sich günstig aus, wenn man zwischen den Pflanzen den Boden abdeckt, sobald die Keimpflanzen groß genug sind.

Die Abdeckung erfolgt in dünner Schicht (2–4 cm) aus zerkleinerten Pflanzenresten. Gut geeignet ist Rasenschnitt, sofern er nicht durch Unkrautvertilgungsmittel verunreinigt ist. Abfälle aus dem Gemüsegarten werden zu diesem Zweck gehäckselt.

Die Bodenabdeckung mit pflanzlichem Material nennt man Mulchen. Da bei einem gesunden Boden das Mulchmaterial bald von Regenwürmern und anderen Bodenorganismen aufgearbeitet und mineralisiert ist, entspricht das Mulchen einer Direkt- oder Flächenkompostierung. Der Nährstoffgehalt des Bodens wird dabei ergänzt.

Unter den Mulchschichten, die man gelegentlich ergänzen muß, bleibt die Bodenoberfläche länger feucht. Man kann sich davon leicht überzeugen, wenn man dicht nebeneinander den Boden einmal abgedeckt und einmal nicht abgedeckt hat.

Selbst nach einer längeren Trockenzeit ist der Boden unter dem Mulch nicht ganz trocken geworden. Auch sind die Regenwürmer noch in der Nähe der Bodenoberfläche, während sie sich bei Trockenheit in tiefere Schichten zurückziehen.

Anhäufeln

Besonders bei *Buschbohnen* und *Kartoffeln* ist das Anhäufeln der Pflanzen üblich und wichtig, sobald diese eine gewisse Größe erreicht haben. Mit einer Blatthacke zieht man die Erde an die Pflanzen heran, so daß sie jetzt tiefer in der Erde stehen als zur Keimzeit. Dadurch bekommen sie mehr Halt und fallen nicht so leicht um, wenn einmal ein Unwetter (Wärmegewitter) darüber niedergeht.

Durch das Anhäufeln der Kartoffeln kommen die Pflanzen scheinbar tiefer in die Erde. Sie bilden mehr Knollen aus als nur flach im Boden stehende Pflanzen.

Auch bei vielen anderen Gemüsepflanzen wirkt sich ein leichtes Anhäufeln günstig aus. Es muß aber darauf geachtet werden, daß die Herzblätter nicht verschüttet werden, weil sonst das Wachstum behindert wird.

Wässern

Wer den Boden regelmäßig gelockert hat, braucht jetzt im Frühsommer die Pflanzen, die groß und kräftig geworden sind, kaum noch zu wässern. Auch durch Mulchen konnte man die Verdunstung der Bodenoberfläche einschränken und zusätzliches Wässern einsparen. Bei allen Nachpflanzungen muß jedoch so lange gewässert werden, bis die Pflanzen angewachsen sind, also keine Welkeerscheinungen mehr zeigen.

Auch bei Nachsaaten ist der Boden durch Wässern ständig feucht zu halten, bis die Keimpflanzen erscheinen. Trocknen nämlich in der Erde angekeimte Samen wieder aus, dann sterben sie meist ab, und es gibt erhebliche Ausfälle.

Samenunkräuter

Einjährige Unkräuter haben sich inzwischen soweit entwik-
kelt, daß sie größtenteils in Blüte stehen, vielleicht auch schon
Samen gebildet haben. Wenn man Samenunkräuter nicht
rechtzeitig beseitigen konnte, so ist es jetzt wichtig, daß man
die Selbstaussaat verhindert oder möglichst weit einschränkt.
Zunächst werden die Blütenköpfe und Samenstände abgeschnitten und mit dem Hausmüll beseitigt. Auf keinen Fall gibt
man sie auf den Kompost.
Mit dem Jäten des geköpften Unkrauts kann man sich dann
Zeit lassen. Die blüten- und samenlosen Teile werden kompostiert.

Aussaaten

Während des Frühsommers sät man im Gemüsegarten noch
allerlei aus. Vor allem die späten *Kohl*sorten sind jetzt an der
Reihe. Bei Folgesaaten von *Spinat, Radieschen* und *Salat* muß
man darauf achten, daß es sommergeeignete Sorten sind. Die
gewöhnlichen Sorten würden keinen Ertrag mehr bringen,
sondern schießen.
Für *Endivien* ist die beste Aussaatzeit.

Pflanzungen

Die späten *Kohl*sorten werden ausgepflanzt, sobald sie auf
dem Saatbeet genügend herangewachsen sind. Auch *Porree*
wird meist erst in dieser Zeit gepflanzt.
In noch vorhandene Lücken oder auf freigewordene Stellen
pflanzt man *Salat*. Es ist besonders darauf zu achten, daß junge
Pflanzen nicht von großen überwuchert werden. Die Pflanzenabstände, die in dem 2. Teil des Buches angegeben werden,
muß man dabei beachten.

Es ist günstig, die Gemüsearten im Garten möglichst gemischt zu pflanzen und so zu säen, daß bei den Saatreihen die Arten häufiger wechseln. Die Anfälligkeit gegen Ungeziefer ist dann geringer. Die Bodenansprüche dürfen dabei jedoch nicht vernachlässigt werden (Stark-, Mittel- und Schwachzehrer). Man nennt dies Mischkultur. Es gibt Tabellen von Pflanzenarten, die sich gut oder weniger gut miteinander vertragen. Beim Anbau kleiner Mengen, wie in diesem Buch empfohlen, hat dies jedoch so geringe Bedeutung, daß auf entsprechende Angaben verzichtet wurde.

Ernten

Längst sind *Salat, Radieschen* und *Spinat* frisch aus dem Garten geerntet worden. Durch Folgesaaten geeigneter Sorten wird der Bedarf auch den Sommer hindurch gesichert. Aus Gemüsesaaten, die vereinzelt werden müssen, fallen laufend erntefähige Teile an. Bei *Möhren* und *Karotten* braucht man die zu dicht stehenden Pflanzen nicht mehr wegzuwerfen, wenn die Rübenwurzeln bereits eine lohnende Dicke haben. Man verzieht und erntet zugleich, bis die richtigen Pflanzenabstände endgültig erreicht sind. Karotten werden noch im Frühsommer so groß, daß sie vollständig geerntet werden können.

Frühe *Kartoffel*sorten sind bereits reif zur Ernte, wenn das Kraut noch grün ist. Bei späten Sorten läßt man das Kraut erst trocken werden.

Die Ernte von *Spargel* wird im Juni beendet. Man läßt die nachkommenden Triebe auswachsen, damit sie mit Hilfe des Blattgrüns neue Nährstoffe bilden und in den Wurzeln speichern können. Die Hügel der Bleichspargelbeete werden jetzt eingeebnet.

Auch *Rhabarber* wird nur noch im Juni geerntet, denn die nachwachsenden Blätter müssen Zeit und Kraft haben, dem Wurzelstock genügend Nährstoffe für das kommende Jahr zuzuführen.

Entgeizen

Als Geize oder Geiztriebe werden die Nebentriebe der *Tomatenpflanzen* bezeichnet. Würde man sie ungehindert wachsen lassen, dann wären die Pflanzen bald dichtlaubige Büsche, die nur vereinzelt blühen und wenige Früchte ansetzen. Durch Entfernen der Geize (Entgeizen) zwingt man die Tomatenpflanze, nur den Haupttrieb voll auszubilden. Das hat zur Folge, daß sie reichlich Blüten und Früchte ansetzt. Die ganze Kraft, d. h. die Nährstoffzufuhr, kommt ihnen zugute und wird nicht durch zu viel Laub verbraucht.

Am einfachsten ist es, die Nebentriebe mit der Hand auszubrechen, und zwar sooft sie nachwachsen. Da aber nicht zu viel Blattmasse verlorengehen soll, wird empfohlen, die Geize so abzuschneiden, daß das jeweils unterste Blatt stehenbleibt.

Ungeziefer

Die *Kohlweißlinge* stellen sich mit mehreren Arten im Gemüsegarten ein und legen ihre Eier an die Blattunterseiten der Kohlpflanzen. Wenn man bei den Kontrollgängen im Garten gelbliche Eihäufchen am Kohl entdeckt, entfernt und zerdrückt man sie. Oft entdeckt man aber erst die geschlüpften Raupen, wenn sie schon recht groß sind. Fraßstellen am Kohl deuten mit ziemlicher Sicherheit auf einen Befall mit Kohlweißlingsraupen hin. Die wirksamste Hilfe gegen größeren Schaden ist ein möglichst frühzeitiges und gründliches Absam-

 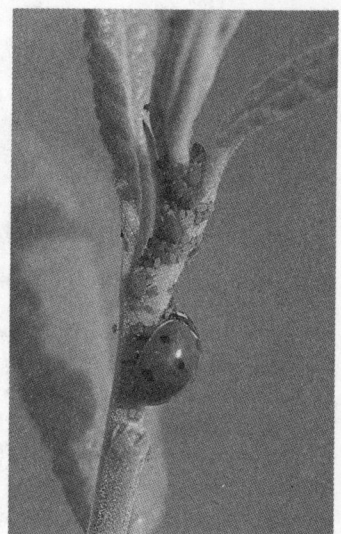

meln der Raupen. Die Anwendung von Gift ist weder zu empfehlen noch notwendig.

Zu bestimmten Zeiten, z. B. in warm-feuchten Jahren, vermehren sich die *Blattläuse* sehr stark. Da sie von Ameisen auf noch nicht befallene Pflanzen verschleppt werden, ist es günstiger, die Ameisen zu bekämpfen als die Blattläuse; man vertilgt sie mit Giftköder oder Giftpulver. Da dies auf dem Boden geschieht, gelangen die Rückstände nicht an eßbare Teile.

Blattlausverseuchtes Gemüse ist unappetitlich. Dagegen kann man ein altbewährtes Mittel anwenden, auch wenn keine völlige Beseitigung erreicht wird. Man stellt sich eine kräftige Lösung von Schmier- oder Kernseife her und spritzt damit das befallene Gemüse ab. Wegen des eventuellen Seifengeschmacks an den Blättern muß man die Behandlung spätestens einige Tage vor der Ernte vornehmen und kräftig nachspülen, z. B. mit dem Gartenschlauch abspritzen.

Marienkäfer und ihre Larven vertilgen große Mengen von Blattläusen. Bei der Anwendung von Gift würde man diese natürlichen Feinde mit vernichten.

Hochsommer

**Beginn mit dem Reifen der Vogelbeeren.
In wärmeren Gegenden Mitte Juli – Ende August,
in kühleren Gegenden Ende Juli – Mitte September.**

Obwohl der längste Tag des Jahres im Juni liegt (Sonnen-
wende, Johannistag), ist es meist erst im Hochsommer besonders warm und trocken. Es ist die Zeit, in der das Getreide
reif wird. Die roten Vogelbeeren leuchten überall in der Land-

schaft und in Parks.
Der zweite Teil des Sommers
hat begonnen. Er bringt häufig viel Trockenheit, manchmal Dürre mit sich. Doch
kann es auch einen verregne-
ten Sommer geben, der kühl
und feucht verläuft.
Im Gemüsegarten wird viel
geerntet; man sät noch spätes
Gemüse; leerstehendes Land
wird mit Gründüngungs-
pflanzen bestellt.

Dürre und Nässe

Wenn es lange Trockenperioden gibt – das ist in Mitteleuropa selten, kommt aber vor –, dann trocknet der Boden trotz aller Maßnahmen, wie Mulchen oder Hacken, bis in größere Tiefen aus. Auch durch Wässern erreicht man nicht so viel, daß das verdunstete Wasser in gleicher Menge an den Boden zurück-gegeben wird, es sei denn, man stellt für lange Zeit im Garten einen Sprenger auf, der durch den Gartenschlauch mit Wasser versorgt wird. Doch erfordert dies hohe Kosten und steht in keinem wertmäßigen Verhältnis zu dem Gemüse, das dadurch besser gedeihen soll.

In Dürrezeiten stockt das Wachstum der Pflanzen, besonders aber das der hochgezüchteten Gemüsesorten. Im allgemeinen wird man sich dann mit einer geringeren Ernte zufrieden geben müssen.

Da es in der Regel aber nicht ununterbrochen trocken ist, tritt eines Tages wieder ein Wetterumschwung ein, der viel Nässe mit sich bringen kann. Das Wachstum wird wieder schneller, und die Früchte quellen regelrecht auf. Durch diesen Wachs-tumsschub kommt es dann häufig dazu, daß *Tomaten, Kohl-rabi, Radieschen, Spitzkohl* und sogar *Salatköpfe* platzen.

Auch kühle und verregnete Sommer gehören zu den Wetter-bedingungen in Mitteleuropa. Während viele Gemüsearten dann gut gedeihen, kümmern wärmeliebende Arten, wie *Kür-bis, Gurken* oder *Tomaten.* Zu dicht stehendes Gemüse fault leicht, und man muß entsprechend Luft schaffen, um es ge-sund zu erhalten.

Aussaaten

Die Aussaatzeit für Langtagspflanzen ist gekommen. *Lang-tagspflanzen* sind solche Arten, die ihre Blütenstände ausbil-den, sobald die Tageslänge mehr als 12 Stunden beträgt. Da aber die Blütenbildung (Schießen, Schossen) nicht erwünscht ist, muß man die Kultur so legen, daß sich die Pflanzen im

Herbst gerade noch so weit entwickeln können, daß sie vor dem Winter erntereif werden. Zu diesen Gemüsen gehören *Brokkoli, Chinakohl, Winterrettich, Feldsalat* und andere. Man sät sie auf dem Saatbeet aus und verpflanzt sie später auf freigewordene Beete oder Stellen im Gemüsegarten.

Ernte

Der Gemüsegarten sollte so angelegt werden, daß man im Hochsommer ständig etwas Frisches aus dem Garten zum Essen hat. Es ist vorteilhaft, wenn man beizeiten daran gedacht hat, viele Gemüsearten anzubauen, damit man Abwechselung hat. Überproduktion von Gemüse, das man nicht konservieren kann (z. B. Salat), ist Platzverschwendung. Andererseits freut man sich im Winter, wenn man Eingefrorenes oder Eingekochtes von den Überschüssen im Sommer zur Verfügung hat.

Die *Zwiebeln* sind erntereif, sobald ihr Laub trocken wird. Das ist je nach Anbauart und -zeit verschieden. Die Zwiebeln reifen nicht besser heran, wenn man das Kraut umknickt. Also bleibt es stehen, bis es von selbst vertrocknet.

An den *Tomatenpflanzen* entfernt man die Triebspitzen, denn, was jetzt noch aufblühen würde, bringt bis zum Herbst keine brauchbaren Früchte mehr. Die bereits vorhandenen Tomaten werden dagegen kräftiger und größer.

Gründüngung

In einem Garten, der intensiv bewirtschaftet wird, werden die Flächen bis zum Ende der Vegetationszeit und darüber hinaus soweit genutzt, daß es keine freien Stellen gibt. Es fällt viel Pflanzenmasse an, die nicht verwertet wird, aber über den Kompost dem Boden zurückgegeben werden sollte.

Ist ein Gemüsegarten noch frisch angelegt oder aus anderen Gründen in einem schlechten Zustand, dann wird der Anbau von Gründüngungspflanzen empfohlen. Man sät sie auf allen freien oder freigewordenen Flächen ein. Sie wachsen bis zum Eintreten des Frostes im Winter. Dann gehen sie ein, und ihre Reste werden im Frühjahr mit in den Boden eingearbeitet.

Es gibt verschiedene Pflanzenarten, die als Gründüngung geeignet sind. Eine reiche Stickstoffzufuhr und damit Düngewirkung erfährt der Boden durch Schmetterlingsblütler, von denen verschiedene einjährige Lupinenarten zu empfehlen sind.

Die *Lupine* bildet wie alle Schmetterlingsblütler an den Wurzeln größere und kleinere Knöllchen aus, in denen stickstoffbindende Bakterien leben. Diese Knöllchen sind im Gegensatz zur Kohlhernie gutartig und kommen auch bei Erbsen und Bohnen vor. Beim Verrotten der Pflanzen kommt der angesammelte Stickstoff als Dünger dem Boden zugute.

Frühherbst

Beginn mit dem Fruchtabwurf der Roßkastanie.
In wärmeren Gegenden Anfang
September – Mitte September,
in kühleren Gegenden Mitte September – Mitte Oktober.

Wenn die ersten Kastanien zu Boden fallen, ist es draußen meist noch recht sommerlich. Doch vieles in der Natur deutet darauf hin, daß der Sommer vorüber ist. So wie die Kastanien

ihre Früchte zeigen, bringt auch der Garten reiche Frucht hervor. Es wird viel geerntet. Dennoch erfolgen auch noch letzte Aussaaten und Pflanzungen.

Tomatenhauben

Für die erfolgreiche Toma-
tenkultur ist es in manchen
Gegenden bereits im Som-
mer zu kühl. Mit beginnen-
dem Herbst läßt durch die
kühler werdenden Nächte
das Wachstum nach, wenn
ein Schutz vor ungünstigen
Witterungseinflüssen fehlt.
Man kann mit den sogenann-
ten Tomatenhauben Abhilfe
schaffen. Es sind gelochte
Plastikhauben, die über die
Tomaten gestülpt werden.
Meist bekommt man sie als
Schlauch, der in einer Rolle
zusammengelegt ist, und man schneidet sich die notwendigen
Längen ab. Am oberen Ende muß man die Schlauchfolie zu-
sammenbinden, damit sie nicht herabrutscht, wenn sie über
die Pflanze gezogen wird. Wenn es sehr windig ist, bindet man
sie auch unten am Stengel zusammen, damit sie nicht fortflie-
gen kann.
Unter den Plastikhauben entwickelt sich ein günstiges Kleinklima, in dem das Wachstum der Tomaten noch länger anhält
und die Früchte heranreifen. Die Vegetationsdauer kann dadurch bis in den Herbst hinein verlängert werden.

Bleichen

Vom *Kopfsalat* verwendet man am liebsten die inneren hellen
Blätter. Sie enthalten weniger Bitterstoffe als die äußeren dun-
kelgrünen.
Endivien enthalten mehr Bitterstoffe als Kopfsalat, und sie
schließen sich nicht zu Köpfen, in denen die Blätter bleich blei-

ben. Das läßt sich jedoch künstlich herbeiführen. Man nimmt die flachliegenden äußeren Blätter einer Pflanze hoch und bindet sie oben zusammen. Damit werden die inneren Blätter vom Licht ferngehalten. Sie verlieren Blattgrün und gleichzeitig Bitterstoffe. Das Bleichen soll etwa 3 Wochen vor der Ernte erfolgen.

Auch durch Auflegen von Brettchen oder Überstülpen von Blumentöpfen kann man Endivien bleichen. In allen Fällen sind mehrere Kontrollen notwendig, damit keine Fäulnis entsteht. Wenn dies doch der Fall ist, hatte man zu fest abgebunden oder zu luftdicht abgedeckt.

Die geschädigten Pflanzen können teilweise noch verzehrt werden. Bei weiterem Bleichen verfährt man entsprechend vorsichtiger.

Aussaaten

Die Aussaaten, die man jetzt noch vornimmt, sind dazu bestimmt, im zeitigen Frühjahr erntereifes Gemüse zu liefern. *Feldsalat* eignet sich besonders gut zum Überwintern. Wenn man ihn unter einem Folientunnel kultiviert, kann man eventuell noch im Winter ernten.

Auch *Spinat* oder *Mangold* eignen sich für die Herbstaussaat. In wärmeren Gegenden kann man sogar noch vor Wintereinbruch kleinere Mengen ernten. Bestimmt aber ist das Gemüse im Frühjahr schnell herangewachsen und liefert das erste frische Grün aus dem Garten.

Pflanzungen

Solange der *Rhabarber* noch grüne Blätter besitzt, kann man ältere Stauden vorsichtig ausgraben und teilen. Man achte darauf, daß die fleischigen Wurzeln dabei nicht beschädigt werden. Auch Neuanpflanzungen von Rhabarber werden jetzt vorgenommen.

Eine Staude kann bis zu 10 Jahren an derselben Stelle stehenbleiben und guten Ertrag bringen. Läßt dieser vorzeitig nach, oder hat sich die Staude zu sehr ausgebreitet, dann verpflanzt man sie an einen anderen, gut gedüngten Platz bzw. verjüngt durch Teilung.

Zum Winter hin vertrocknen die Rhabarberblätter. Sie bilden sich im nächsten Frühjahr neu aus dem Wurzelstock.

Herbst

**Beginn mit der Laubverfärbung der Roßkastanie.
In wärmeren Gegenden Mitte September – Ende Oktober,
in kühleren Gegenden Ende September.**

Wenn nicht nur einzelne Blätter der Kastanienbäume gelb
werden und abfallen, wie es den ganzen Sommer über geschieht, sondern sich das Laub allgemein verfärbt, ist das ein
Zeichen dafür, daß der Herbst endgültig die Vegetation beein-

flußt. Im Garten wird fast nur
noch geerntet. Die Reste der
absterbenden Pflanzen räumt
man ab; nur das Winterge-
müse bleibt noch stehen.
Man schafft auch Vorräte für
den Winter, indem man das
Gemüse, das nicht verzehrt
worden ist, einkocht oder
einfriert. Manches läßt sich
auch im Garten einmieten
oder im Keller einlagern.

Ernten

Geht die Vegetationszeit zu Ende, wird das Gemüse, das noch im Garten ist, geerntet. Nur die eigentlichen Wintergemüse, wie *Grünkohl,* bestimmte *Rosenkohl-* und *Lauchsorten,* Feldsalat u. a., bleiben stehen.

Kopfkohl, Möhren, rote Bete, Kürbis usw. gibt es jetzt mehr, als im Augenblick verwertet werden kann. An einem geschützten Platz am Haus kann ein Teil davon eingemietet werden. Man gräbt eine etwa 50 cm tiefe Grube, in die man das Gemüse sauber hineinlegt. Darauf schichtet man eine Lage Stroh und deckt schließlich mit Erde ab. Gegen Feuchtigkeit wird über die Miete eine Plastikplane gelegt.

Soweit es räumlich möglich ist, schafft man Wintervorräte durch Einfrieren oder Einkochen des Gemüses. Auch in einem kühlen, aber frostfreien Keller kann man Gemüse einlagern. Die Keller in modernen Häusern sind allerdings meist zu warm dafür.

Abräumen

Der Gemüsegarten soll im Herbst so weit von Pflanzenresten befreit werden, daß die Bodenbearbeitung jetzt oder im Frühjahr nicht behindert wird. Die abgeernteten Bohnenpflanzen, Spargelkraut, Kohlstrünke und vieles andere werden ausgerissen oder ausgegraben. Aus den Wurzelballen schlägt man die Erde heraus, damit sie beim Häckseln die Messer nicht stumpf macht.

Nur feine Pflanzenteile kommen direkt auf den Kompost. Die gröberen lassen sich zur Einrichtung eines Hügelbeetes verwenden. Wenn sie jedoch sofort auf den Kompost geworfen werden sollen, muß man sie häckseln. Gehäckseltes Material kann auch als Mulch auf dem Boden über Winter in dünner Schicht ausgebreitet werden. Es deckt den Boden ab, und bis zum Frühjahr ist das meiste verrottet.

Häckseln

Grobe Gartenabfälle, die man nicht direkt auf den Kompost geben will, weil sie zu langsam verrotten, müssen zerkleinert werden. So wie man in früheren Zeiten Stroh gehäckselt hat, verfährt man mit den groben Pflanzenteilen. Da die Zerkleinerung von Hand zu mühsam ist, sind inzwischen verschiedene Maschinen auf den Markt gekommen, die unter den Namen Gartenhäcksler, Schredder u. a. gehandelt werden.

Bei der Anschaffung eines Häckslers ist zu empfehlen, sich rechtzeitig von dessen Leistungsfähigkeit zu überzeugen.

Motor und Messer müssen so kräftig sein, daß auch (frische) Äste von mindestens Daumendicke mühelos gehäckselt werden. Das Einfüllen muß problemlos durchzuführen sein. Ein zu enger Einfüllstutzen ist für sperriges Material ungeeignet.

Die groben Gartenabfälle können außer im Herbst natürlich zu jeder anderen Jahreszeit gehäckselt werden. Im Herbst fällt allerdings besonders viel Material an.

Wenn das Häckselgut nach einem Durchgang durch die Maschine nicht fein genug ist, läßt man es ein zweites Mal durchlaufen. Das ist besonders für das Mulchen zu empfehlen.

Hügelbeet

Im Hügelbeet wird die fruchtbare Bodenschicht über die Umgebung hinaus angehoben. Man erreicht das durch Unterschichten mit Gartenabfällen. Hügelbeete eignen sich besonders zur Verbesserung sehr schwerer (toniger) Böden. Durch eine lockere Unterschicht bekommen die Pflanzen mehr Luft im Wurzelbereich, und sie stehen wärmer.

Zur Anlage des Hügelbeetes wird eine etwa 30 cm tiefe und 1–1,5 m breite Grube ausgehoben. Die Länge richtet sich nach der im Garten üblichen Beetlänge.

Zuunterst füllt man Astholz in die Grube, das beim Schneiden von Bäumen und Sträuchern angefallen ist, sowie grobe Gartenabfälle. Das Holz wird nur mäßig zerkleinert (nicht gehäckselt).

Darüber schichtet man bis zu 10 cm Stroh oder Fallaub. Schließlich deckt man mit einer 20–30 cm dicken Schicht von Gartenerde ab, die mit Kompost versetzt wurde.

Holz, Stroh und Fallaub verrotten zu stickstoffarmen Dauerhumus, welcher dem Boden eine günstige Struktur verleiht, ohne viel Nährstoff zu liefern. Das Hügelbeet soll nicht mit grünen Pflanzenresten aufgefüllt werden, denn dann entsteht viel Nährhumus, der reich an Stickstoffverbindungen ist. Die darauf gezüchteten Pflanzen reichern sich mit Nitrat an, das sich in das gefährliche Nitrit umwandelt.

Ein Hügelbeet hält etwa 5 Jahre. Dann ist es durch Verrottung in sich zusammengesunken und muß neu angelegt werden.

Winter

Beginn mit der Entlaubung der Roßkastanie.
In wärmeren Gegenden Anfang November – Ende Januar,
in kühleren Gegenden Anfang November – Mitte März.

Es läßt sich nicht genau sagen, wann der Winter seinen Einzug halten wird. In der Regel ist es Anfang November. Es kann aber auch schon früher sein, oder der Herbst dauert noch länger an. Entscheidend sind die ersten Fröste. Sie setzen der

herbstlichen Laubfärbung ein Ende und geben den Anstoß, daß auch die gefingerten Blätter der Roßkastanie zu Boden fallen. Mit ihnen fallen die langen Blattstiele ab, deren Anwachsstelle wie ein Pferdehuf aussieht. Davon hat der Baum seinen Namen Roßkastanie erhalten.

Im Garten tritt weitgehend eine Vegetationspause ein. Nur die Wintergemüse stehen noch und werden geerntet. Wenn viel Schnee liegt, werden die Vögel gefüttert. In der schneefreien Winterzeit können sie ihr Futter selbst finden. Sie sollen dann nicht gefüttert werden, weil sie dadurch verwöhnt und verweichlicht würden.

Ernten

Grünkohl steht den ganzen Winter über frei im Garten und kann geerntet werden. Die Blätter knicken bei einer schweren Schneelast allerdings ab und welken. Gegen Frost ist dieses Gemüse nicht empfindlich.

Rosenkohl und *Lauch* sind zwar auch winterhart, vertragen aber keinen starken Kahlfrost, d. h. Kälte ohne Schnee. Sie müssen mit Reisig oder Stroh leicht abgedeckt werden. Wenn es die Witterung erlaubt, man also an die Pflanzen herankommen kann, wird ebenfalls den ganzen Winter hindurch geerntet.

Die Ernte des frostfesten *Feldsalats* ist davon abhängig, ob man ihn abschneiden kann. Wenn es stärker gefroren hat, ist dies kaum möglich, und unter einer Schneedecke kann man ihn nicht hervorholen. Es ist zu empfehlen, ihn beizeiten mit einem Folientunnel abzudecken.

Böden

Wenn der Gemüsegarten schon viele Jahre lang bewirtschaftet wurde, ist der Boden meist humusreich und locker. Seine Krümelstruktur wurde durch das viele Bearbeiten und die Kompostgaben günstig beeinflußt.

Dennoch muß ein solcher Boden nicht optimal in seiner Zusammensetzung sein. Gerade in sehr alten Gartenböden hat man bisweilen höhere Konzentrationen an Schadstoffen gefunden. Der Boden kann zu stark mit Stickstoffverbindungen angereichert (überdüngt) sein. Da man früher gern Holz- oder Kohlenasche aus dem Küchenofen auf den Boden gestreut hat, von der man erst seit kurzem weiß, daß sie Schwermetallverbindungen enthält, können diese in den Boden gelangt sein. Man soll daher gelegentlich einmal eine Bodenuntersuchung machen und sich Düngeempfehlungen geben lassen. Gartenfachgeschäfte können meist Auskunft geben, wo dies möglich ist.

Es ist wichtig zu wissen, ob der Gartenboden schwer oder leicht ist.

Unter schweren Böden versteht man *Tonboden* oder *stark tonhaltigen Boden*. Er ist fast wasserundurchlässig und sehr schwer zu bewirtschaften. Man muß ihn durch Zusätze von Sand und Kompost und entsprechende Bearbeitung locker machen.

Mittelschwer sind die *Lehmböden*. Sie setzen sich aus wechselnden Anteilen von Ton und Sand zusammen. Wenn Lehmböden humusarm sind, schrumpfen sie beim Austrocknen stark, und die Bodenoberfläche bekommt Risse. Durch Kompostbeimengungen, häufige Bearbeitung und Mulchen ist dies zu mindern.

Ähnlich sind *Kalkböden*. Auch sie werden bei Humusmangel leicht rissig.

Als leicht werden *Sandböden* oder *stark sandhaltige Böden* bezeichnet. Sie sind so locker, daß Grabschollen schnell zerfallen. Man kann sie mit Steinmehl und Kompost aufbessern.

Geräte

Im Winter werden die Geräte im Garten nicht gebraucht. Jetzt ist die beste Zeit, sie für das nächste Gartenjahr in Ordnung zu bringen. Sie werden von anhaftender Erde und eventuell Rost gereinigt. Die Metallteile reibt man mit einem Lappen ab, der leicht mit Öl getränkt ist. So werden sie vor weiterem Rost bewahrt.

Man überprüft, ob die Holzteile festsitzen und auch sonst in gutem Zustand sind. Was man vielleicht schon lange erledigen wollte, aber die Zeit dazu nicht fand, kann man jetzt in Ruhe reparieren.

Wenn sich herausgestellt hat, daß z. B. der Spaten oder die Grabgabel einen zu kurzen oder zu langen Stiel hat, so wird er angepaßt oder ein neues Gerät beschafft, das den Körpermaßen seines Besitzers besser entspricht. Es gibt verschiedene Größen im Handel. Besonders kleine und leichte Spaten werden als Damenspaten bezeichnet.

Unbedingt erforderlich sind für die Arbeit im Gemüsegarten: Grabgabel, Spaten, Harke, Grubber, Kultivator, Ziehhacke und Handschaufel.

Treiben

Vom *Chicorée* werden nicht die grünen Blätter, die im Sommer gewachsen sind, verzehrt, sondern der bleiche Winteraustrieb. Bei der Ernte im Oktober oder November gräbt man die Rübenwurzeln vorsichtig aus, damit sie möglichst wenig beschädigt werden. Die Blätter werden 3–5 cm über dem Wurzelhals abgeschnitten. Dann lagert man die Rüben in feuchtem Sand oder Torf im kühlen, aber frostfreien Keller ein.

Zum Treiben setzt man sie nach Bedarf im Januar oder Februar, oft auch schon im Dezember, dicht an dicht in Eimer oder andere Gefäße mit feuchtem Sand oder entsprechendem Substrat. Die Wurzelhälse sollen über der Bodenoberfläche herausschauen. Im Dunkeln läßt man sie bei 16–18 °C treiben und erntet, wenn die bleichen Zapfen etwa 10–15 cm hoch ausgetrieben sind.

Kalken

Durch viel Kompost und Gründüngung reichert sich der Boden mit Humussäuren an. Meist wird er dadurch sauer (ausgenommen Kalkboden). Zur Gesunderhaltung ist ein regelmäßiges Kalken erforderlich.

Am besten wird der nicht ätzende *Kalkmergel* oder *Korallenkalk* verwendet. Obwohl die günstigste Zeit zum Kalkstreuen der Winter ist, kann man mit diesen Kalkarten auch während der Vegetationszeit nachdüngen.

Man soll nicht nach Gefühl kalken, sondern sich vorher über den Säuregrad (pH-Wert) des Bodens informieren. Er ist recht leicht mit Indikatorfarbstoff festzustellen. Gute Ergebnisse bekommt man z. B. mit Calcitest von Neudorff. Der pH-Wert des Gartenbodens soll möglichst um 7 (neutral) liegen. Ist er wesentlich niedriger, dann muß man Kalk ausstreuen. Man verteilt diesen so, daß der Boden wie mit Puderzucker überstreut aussieht. Wenn der Boden später bearbeitet worden ist, prüft man ihn nochmals. Ist der pH-Wert immer noch zu niedrig, dann streut man Kalk nach.

Bei einem optimalen Kalkgehalt (pH-Wert) werden die Nährstoffe den Pflanzen am besten zugänglich.

Gemüse von A bis Z

Symbole für den Porträtteil

 Aussaat

↨ Reihenabstand

┉ Pflanzenabstand

 Pflanzzeit

Boden:

∗ Starkzehrer

** Mittelzehrer

* Schwachzehrer

 Wässern

 Ernte

 Kurzbeschreibung

Blattmangold
Beta vulgaris var. vulgaris

 ab April; Folgesaaten bis in den August, 2 cm tief.

↕ 30 cm.

ⅢⅢ vereinzeln auf 20 cm Abstand.

🌱 kaum möglich.

✳ ✳ Mittel- bis Starkzehrer; wächst auf allen Bodenarten; bei guter Kompost- oder Humusversorgung des Bodens keine zusätzliche Düngung, sonst 1- bis 2mal Volldünger geben.

💦 während der Keimzeit; später bei anhaltender Dürre (wenn die Blätter welk aussehen).

🦋 ab Juni bis in den Winter hinein; von spät gesätem Mangold im Frühjahr; junge Blätter über dem Boden abschneiden; Nachernten möglich.

📖 Diese Varietät der Futterrübe bildet im 1. Jahr nur eine Blattrosette (selten schon Schosse). Die Blätter sind leicht gekraust und erheben sich bis zu 40 cm Höhe. Im 2. Jahr bildet Mangold Blütenstände – er schießt. Während des Frühjahrs ist jedoch noch genügend Blattmasse zum Ernten vorhanden. Die Samen bilden kompakte Knäuel.

Bleichspargel
Asparagus officinalis

 im Gemüsegarten nicht üblich.

⊥ 80–100 cm.

Ⅲ 30–50 cm.

April.

* Schwachzehrer; nur in leichten Böden, möglichst Sand; sonnige, warme Lage; Spargelbeete in Nord-Süd-Richtung anlegen; auspflanzen in 40 cm tiefen Gruben mit viel Kompost; später auffüllen.

nicht erforderlich.

Mai/Juni ab 3. Jahr nach der Pflanzung; vorsichtig über den Wurzeln abstechen.

📖 Die Sprosse des Spargels bleiben bleich, wenn man die Spargelbeete im März etwa 50 cm hoch anhäufelt. Nach der Ernte werden die Beete im Juli wieder eingeebnet. Die nachwachsenden Sprosse sollen jetzt auswachsen und durch ihr feines Blattwerk neue Nährstoffe für die Wurzeln sammeln. Im Herbst entfernt man die trockenen oberirdischen Teile.

Blumenkohl
Brassica oleracea var. botrytes

 frühe Sorten Februar/März im Zimmer; späte Sorten im Mai auf das Saatbeet.

↕ 60 cm.

⊥⊥ 50 cm.

April bzw. Juni/Juli.

✱✱ Starkzehrer; gut gedüngter Boden, aber nach dem Pflanzen nicht mehr düngen.

🌢 nur zum Anwachsen.

🍂 Juli/August bzw. September/Oktober.

📖 Bei dieser Kohlvarietät wurde ein stark ausgeprägter Blütenstand angestrebt, als die Züchtungsauslese erfolgte. Die Blütenansätze erscheinen schon im 1. Jahr und bleiben kompakt in der weißen Blume zusammen. Ihre Ausbildung wird begünstigt, wenn man die Randblätter über ihr zusammenbindet. So bleibt sie auch besonders weiß und treibt nicht vorschnell aus.

Brokkoli
Brassica oleracea var. italica

 Juni auf das Saatbeet (Frühkultur April/Mai).

↨ 60 cm.

⊥⊥ 50 cm.

Juli/August (Mai/Juni).

*** Starkzehrer; gut gedüngter Boden; evtl. Volldünger-
gaben vor dem Pflanzen; während des Wachstums nicht
düngen; sonniger Standort.

nur zum Anwachsen.

September/Oktober (Juli/August); Blütenstände ernten,
bevor sich die gelben Blüten geöffnet haben.

📖 Brokkoli ist auch als *Spargelkohl* bekannt. Er bildet reich
verzweigte Blütenstände, die im Gegensatz zum Blumenkohl grün bleiben. Wenn man nicht den gesamten Blütenstand, sondern nur die am weitesten entwickelten Teile
erntet, kann man die nachwachsenden Abschnitte mehrmals nachernten. Verwendet werden auch die grünen
Blütenstiele (wie Spargel).

Buschbohne
Phaseolus vulgaris var. nanus

Vollfrühling; Nachsaaten bis in den Frühsommer; 5 cm tief.

50–50 cm.

10 cm.

vereinzeln, nicht verpflanzen.

Schwachzehrer; lockerer, humusreicher Boden; sonnige, geschützte Lage.

bei Trockenheit reichlich wässern.

grüne Bohnen ab Juli; Nachernten bis September.

Es gibt zahlreiche Buschbohnensorten. Neben grünfrüchtigen werden gelbschalige und blauschalige angeboten. Die einjährigen Pflanzen werden etwa 30 cm hoch. Aus den Achseln der langgestielten dreiteiligen Blätter wachsen die Blütenstände hervor. Buschbohnen dürfen nicht zu dicht stehen, da sie sonst leicht von Krankheiten befallen werden. Man häufelt die Pflanzen etwas an, damit sie besser stehen.

Chicorée
Cichorium intybus var. foliosum

 Mai/Juni auf das Saatbeet.

 30 cm.

15 cm.

 Ende Mai/Anfang Juni oder später.

** Mittelzehrer; tiefgründiger, lockerer Boden; Humus- und Nährstoffreichtum; 1mal mit Volldünger versorgen.

 bei langanhaltender Trockenheit wässern.

 Rübenwurzeln September/Oktober; einwintern; nach Bedarf ab Dezember treiben.

📖 Chicorée soll kräftige Rübenwurzeln entwickeln. Die Blätter werden nach der Ernte kompostiert, also nicht verwendet. Die nicht frostfesten Wurzeln wintert man ein, indem man sie im kalten, aber frostfreien Keller in Sand legt. Zum Austreiben setzt man sie in erdgefüllte Behälter und läßt sie im Dunkeln bei 16–18 °C austreiben. So entstehen die bleichen Chicoréezapfen.

Chinakohl
Brassica chinensis

 Juli.

↕ 40 cm.

⊥⊥⊥ 30 cm.

August; auch Vereinzeln möglich.

＊＊＊ Starkzehrer; gut gedüngter Boden; humus- und nährstoffreich; sonniger Standort.

bei Trockenheit reichlich wässern, sonst keine Kopf-
bildung.

zu Beginn des Winters (ab Oktober); nicht verbrauchte
Köpfe kühl, aber frostfrei lagern.

Chinakohl ist eine eigene Kohlart und unterscheidet sich
von den zahlreichen Kohlvarietäten durch wachsfreie,
leicht behaarte Blätter. Diese werden etwa 40 cm hoch
und bilden einen spitzen Kopf. Chinakohl ist eine Langtagspflanze, die im Sommer keine Köpfe bildet; daher der
späte Anbau. Man pflanzt ihn am besten jedes Jahr an
einen anderen Platz, um Krankheiten zu vermeiden.

Eissalat
Lactuca sativa var. capitata

 ab März ins Frühbeet; später ins Freiland (Saatbeet).
↕ 30 cm.
⊥⊥⊥ 30 cm.
ab April je nach Aussaattermin, wenn die Pflanzen etwa
10 cm hoch sind.
✳✳ Mittelzehrer; nährstoff- und humsreicher Boden,
möglichst etwas lehmig; evtl. einmal Volldünger geben.
bei Trockenheit reichlich wässern.
sobald die Köpfe voll und fest sind; etwa 8 Wochen nach
dem Pflanzen.

📖 Eissalat ist eine besondere Kopfsalatsorte. Er hat seinen
Namen von seinen spröden Blattrippen, die beim Hinein-
beißen krachen *(Krachsalat)*. Er stammt aus Nord-
amerika und bürgert sich auch hier allmählich ein, da er
auch im Sommer schoßfest ist. Die Köpfe sind größer als
die des gewöhnlichen Kopfsalats. Der Geschmack ist
kräftiger, herzhafter.

Eiszapfen
Raphanus sativus

 Frühbeet Februar; Freiland März/April (Vorfrühling).

10–20 cm.

etwa 4 cm.

vereinzeln, nicht verpflanzen.

** Mittelzehrer; tiefgründiger humus- und nährstoffreicher Boden; evtl. 1 Volldüngergabe.

bei Trockenheit reichlich wässern, um Pelzigwerden zu verhindern.

etwa 6 Wochen nach der Aussaat.

Eiszapfen sind lange weiße Radieschen, die kleinen weißen Rettichsorten ähneln. Sie sind jedoch milder im Geschmack. Eiszapfen sind Langtagspflanzen, die bei Sommeranbau Blütenstände bilden, ohne daß die Rübenwurzel kräftig wird. Die Rübenbildung wird auch durch zu dichten Stand behindert. Man muß frühzeitig vereinzeln.

Endivie
Cichorium endivia var. endivia

 Juni/Juli auf das Saatbeet.
30 cm.
30 cm.
ab Juli je nach Aussaattermin.
Mittelzehrer; nährstoff- und humusreicher Boden;
während der Hauptwachstumszeit 1mal Volldünger
geben.
nur anfangs nötig.
ab Oktober bis in den Winter.

Es gibt mehrere Endiviensorten, auch eine Sommersorte,
die früher angebaut wird. Da die meist krausen und einge-
schnittenen Blätter leicht bitter sind, bleicht man 2–3
Wochen vor der beabsichtigten Ernte. Am einfachsten
geschieht dies durch Überstülpen lichtundurchlässiger
Gefäße (nicht luftdicht abschließen!). Auch aufgelegte
Brettchen lassen das Herz der Salatköpfe bleich werden.

Erbse
Pisum sativum

 März – Juni; 5 cm tief.

📏 niedrige Sorten 40 cm, hohe Sorten 60 cm.

⊥⊥ 10 cm.

🌱 nicht verpflanzen.

* Schwachzehrer; keine besonderen Bodenansprüche; sonniger und luftiger Standort.

💧 nur bei langanhaltender Trockenheit.

🥕 je nach Aussaattermin ab Juni.

📖 Die Erbsenpflanzen besitzen am Ende der gefiederten Blätter Ranken, mit denen sie ihre schwachen Stengel an Stützen befestigen. Manche Sorten werden 80–200 cm hoch und brauchen Resisig oder Maschendraht als Stützen. Niedrige Sorten halten sich gegenseitig fest und aufrecht. Man unterscheidet *Schal-* oder *Palerbsen* mit glatten, runden Samen und *Markerbsen* mit runzeligen Samen.

Feldsalat
Valerianella locusta

 August oder September je nach Sorte.

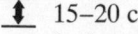 15–20 cm.

3–5 cm.

vereinzeln, nicht verpflanzen.

* Schwachzehrer; keine besonderen Bodenansprüche; wächst auch auf mageren Böden; Kalkgehalt wird bevorzugt.

nur bis zum Aufgehen der Samen.

je nach Sorte und Aussaattermin ab Oktober oder November; frostfeste Sorten den ganzen Winter über; auch noch im Frühling, solange keine Blüten gebildet wurden.

📖 Feldsalat ist auch als *Nüßchen* oder *Rapunzel* bekannt. Es gibt mehrere Sorten, schmalblättrige und breitblättrige. Nicht alle sind winterhart (beim Samenkauf beachten!). Zu dicht stehende Pflanzen sind anfällig gegen Mehltau. Man kann bereits junge Pflanzen ernten, so daß die anderen mehr Platz bekommen als oben angegeben.

Feuerbohne
Phaseolus coccineus

 Mai; 4 cm tief.

![] als Stangenbohnen 80–100 cm.

![] zur Zaunberankung 10–20 cm.

![] vereinzeln, nicht verpflanzen.

* Schwachzehrer; lockerer, humusreicher Boden; sonnige Lage.

![] nur bei Trockenheit während der Keimzeit.

![] ab Juli; nachernten bis Oktober.

![] Die Feuerbohne blüht meist rot (Name), andere Sorten weiß oder rot-weiß. Die windende Pflanze wird als *Prunk-* oder *Türkenbohne* gern zur Begrünung von Zäunen verwendet. Die grünen Bohnenfrüchte sind gekocht eßbar, roh jedoch wie auch Busch- und Stangenbohnen durch ihren Phasingehalt giftig. Durch reichliches Ernten wird die Nachbildung von Blüten (Früchten) angeregt.

Gartenmelde
Atriplex hortensis

 sobald der Boden frostfrei ist; Folgesaaten.

 30–40 cm.

 10 cm.

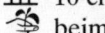 beim Vereinzeln anfallende Pflanzen.

* Schwachzehrer; gedeiht auf jedem Boden; anspruchslos.

 hoher Wasserbedarf; harte Blätter, wenn nicht gewässert wird.

 wie Spinat, jedoch nach kürzerer Vegetationszeit; Blätter von geschossenen Pflanzen verwendbar.

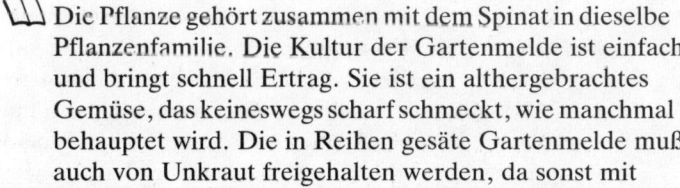 Die Pflanze gehört zusammen mit dem Spinat in dieselbe Pflanzenfamilie. Die Kultur der Gartenmelde ist einfach und bringt schnell Ertrag. Sie ist ein althergebrachtes Gemüse, das keineswegs scharf schmeckt, wie manchmal behauptet wird. Die in Reihen gesäte Gartenmelde muß auch von Unkraut freigehalten werden, da sonst mit diesem ein unentwirrbares Dickicht entsteht.

Grünkohl

Brassica oleracea var. sabellica

 Mai/Juni auf das Saatbeet.

 50 cm.

 50 cm.

 Juli/August.

✱✱ Starkzehrer; gut gedüngter Boden, locker, möglichst etwas sandig; sonniger Standort.

 nur zum Anwachsen.

 ab Oktober den ganzen Winter hindurch jeweils die größten äußeren Blätter.

Diese Kohlvarietät schließt ihre Blätter nicht in Köpfen zusammen. Sie bleiben ausgebreitet und wachsen an kleinen Stämmchen. Sie sind kräftig grün gefärbt und am Rande stark gekraust. Die Sorten unterscheiden sich im Wuchs und in der Form der Blätter. Grünkohl schmeckt am besten, wenn er schon Frost abbekommen hat. Daher baut man ihn möglichst spät im Jahr an.

Grünspargel
Asparagus officinalis

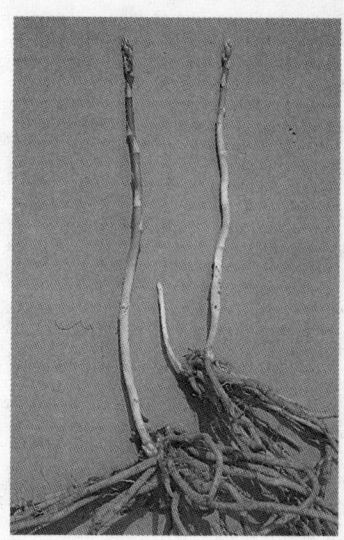

 im Gemüsegarten nicht üblich.

80–100 cm.

40 cm.

April; 15 cm tief.

* Schwachzehrer; Boden beim Pflanzen gut mit Kompost versorgen, ersatzweise phosphat- und kalihaltigen Dünger geben, wenig Stickstoff; gedeiht auf leichten Böden und in sonniger Lage.

nicht erforderlich.

Mai/Juni ab 3. Jahr nach der Pflanzung; 20 cm lange Sprosse über dem Boden abschneiden.

Grünspargel ist eine in anderen Ländern schon länger bekannte Spargelsorte. Auch in Deutschland wird er jetzt häufiger angebaut. Die grünen Stangen bleiben zart und liefern ein ähnlich schmackhaftes Gemüse wie Bleichspargel. Der etwas geringere Ertrag wird dadurch aufgewogen, daß das Anlegen der angehäufelten Spargelbeete entfällt.

Gurke
Cucumis sativus

🌱 Mai/Juni.

↕ 100 cm.

⊥⊥ 25 cm.

🌿 Freilandgurken nur vereinzeln, nicht verpflanzen.

✳✳ Starkzehrer; humus- und nährstoffreicher Boden;
sonnige Lage; während der Fruchtbildung mehrmals
Volldünger geben.

🪔 bei Trockenheit reichlich gießen.

🍓 Hochsommer bis Frühherbst.

📖 Die rankenden Gewächse gedeihen nur an warmen
Standorten. In ungünstigen Gegenden kultiviert man sie
unter dem Folientunnel. Auch an günstigen Standorten
kann es in kühlen, regnerischen Jahren zu Mißerfolgen
kommen. Es gibt viele Gurkensorten. Man wählt für den
Garten kleinere, anspruchslosere aus. Die Blüten sind
verschiedengeschlechtig. Unter Tunneln muß evtl.
künstlich bestäubt werden.

Herbstrübe
Brassica rapa var. rapa

 Juli/August (Hochsommer).

↕ 30 cm.

⊥⊥ 15 cm.

✍ vereinzeln, nicht verpflanzen.

✽✽ Mittelzehrer; anspruchslos, wächst in jedem Boden; zur Rübenbildung tiefgründige Bodenbearbeitung; bei Nährstoffmangel 1 Volldüngergabe.

🜄 bei Trockenheit oder Dürre reichlich gießen, damit sich die Rüben normal entwickeln können.

🍂 ab Sept.; Okt. Restbestände ernten und einmieten.

📖 Die Herbstrübe ist eine späte Sorte der Mairübe. Sie ist meist am unteren Ende bauchig geformt; andere Sorten sind unten spitz. Man baut Herbstrüben gern als Nachkultur z. B. von Erbsen an. Sie verbessern den Boden und liefern ein schmackhaftes Gemüse. Die Rüben sind nicht frostbeständig; sie müssen vor Beginn des Winters geerntet sein. Junge Blätter und Blattstiele können zu Stielmus gekocht werden.

Karotte
Daucus carota var. sativa

 März/April; Folgesaaten bis Juli.

⬍ 20 cm.

⊥⊥ 5 cm.

🌱 vereinzeln, nicht verpflanzen.

** Mittelzehrer; Humusreichtum günstig, sonst 1–2 Voll-
düngergaben; tiefgründiger Boden im Gegensatz zu
Möhren nicht erforderlich.

💧 nur bei anhaltender Dürre.

🥕 ab Juni, wenn die Rüben 2–3 cm dick sind.

📖 Als Karotten werden Möhrensorten bezeichnet, deren
Rübe rundlich ist und nicht langgestreckt in die Tiefe
wächst. Dadurch können auch weniger tiefgründige
Böden zum Möhrenanbau genutzt werden. Im 1. Jahr
bleiben die feingliedrigen Blätter in grundständigen
Rosetten zusammen. Im 2. Jahr bildet sich der Blütenstand; die Rübe wird dadurch verbraucht und wertlos.

Kartoffel
Solanum tuberosum

 nicht üblich.

60 cm.

40 cm.

im Februar im Keller vorkeimen lassen; im April 10 cm tief in die Erde legen.

** Mittelzehrer; leichter Boden, eher sandig als lehmig; Düngung am besten mit Kompost.

nicht notwendig; bei langer Dürre günstig.

Frühkartoffeln ab Juni, meist noch mit grünem Laub; spätere Sorten bis Oktober, sobald das Kraut welk ist.

Die Kartoffel bringt etwa 40 cm hohe Stauden hervor. Es gibt weiß- und violettblühende Sorten, die jedoch nur selten fruchten. Die Vermehrung erfolgt durch unterirdische Sproßknollen. Unter Lichteinwirkung werden diese teilweise grün und enthalten dann wie alle anderen grünen Teile der Pflanze das giftige Solanin. Durch Anhäufeln wird auch das Grünwerden der Knollen verhindert.

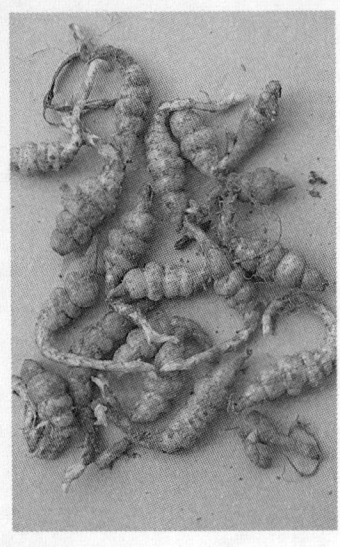

Knollenziest
Stachys sieboldii

 nicht üblich.

⬍ 40 cm.

⊥⊥ 30 cm.

🌱 im April Knollen 15 cm tief pflanzen.

✱✱ Mittelzehrer; tiefgründiger, humusreicher Boden.

💧 nicht erforderlich.

🥕 im September die nachgewachsenen Knollen; bei älteren Pflanzen das ganze Jahr über.

📖 Die aus Ostasien stammende Pflanze bildet 20–30 neue Wurzelknollen. Diese sind etwa 5 cm lang und schneckenhausförmig. Die Knollen werden als ausgefallenes Feingemüse geschätzt. Sie trocknen schnell aus, so daß immer nur der augenblickliche Bedarf zu ernten ist. Die ausdauernde Pflanze kann 3–4 Jahre an demselben Standort bleiben.

Kohlrabi

Brassica oleracea var.
gonglyodes

 März/April im Zimmer, im Frühbeet oder auf dem
Saatbeet.

⬍ 35 cm.

⊥⊥⊥ 30 cm.

🌱 etwa 6 Wochen nach der Aussaat.

** Mittelzehrer; weniger gedüngter Boden als bei anderen
Kohlvarietäten.

💦 bei Trockenheit regelmäßig und reichlich; Knollen
werden sonst holzig.

🥬 Ende Juni und später je nach Pflanzzeit.

📖 Beim Kohlrabi ist der Sproß zu einer Knolle verdickt
(Oberkohlrabi). Es gibt grüne und blaue Sorten. Da die
Knolle leicht holzig wird, wenn der Boden austrocknet, ist
der Anbau nur bis zum August zu empfehlen. Einige
Sorten eignen sich allerdings auch für den Sommeranbau,
ohne holzig zu werden (beim Samenkauf beachten!). Die
langgestielten Blätter, die aus der Knolle hervorwachsen,
werden gern mitverwendet.

Kohlrübe
Brassica napus var. napo-brassicus

 Mai (Saatbeet).

⬍ 35–40 cm.

⊥⊥ 30 cm.

✿ Juli.

** Mittelzehrer; lehmiger Boden günstig; sonst anspruchs-los; Boden mehrmals lockern.

💧 hoher Wasserbedarf; bei Trockenheit wässern, sonst leicht holzig.

🍂 Herbst; für den laufenden Bedarf schon früher.

📖 Die Kohlrübe ist vermutlich eine Kreuzung aus dem gewöhnlichen Kohl und der Mairübe. Sie ist auch als *Unterkohlrabi* bekannt. Die Rübe wächst zum Teil unter der Erde, zum Teil ragt sie über die Erdoberfläche hinaus. Bei günstigen Bedingungen erreicht sie mehrere kg Gewicht. Kohlrüben liefern ein schmackhaftes Gemüse, das vor allem in Notzeiten viel genossen wurde.

Kopfsalat
Lactuca sativa var. capitata

 ab März ins Frühbeet, später ins Freiland (Saatbeet).

↨ 30 cm.

⊥⊥⊥ 30 cm.

ab April je nach Aussaattermin; wenn die Pflanzen etwa 10 cm hoch sind.

✱✱ Mittelzehrer; nährstoff- und humusreicher, möglichst etwas lehmiger Boden; evtl. 1mal Volldünger geben; für frühe und späte Sorten sonniger Standort, für Sommersorten Halbschatten.

bei Trockenheit und Dürre reichlich wässern.

sobald die Köpfe fest geworden sind; etwa 6 Wochen nach dem Pflanzen.

📖 Salat ist eine Langtagspflanze, die im Sommer, wenn die Tage länger als 12 Stunden dauern, schnell Blüten bildet (schießt). Da dann keine brauchbaren Köpfe entstehen, ist der Anbau im Sommer nicht möglich. Man hat inzwischen aber einigermaßen austriebsfeste Sorten gezüchtet (beim Samenkauf beachten!), die auch im Sommer noch gepflanzt werden können.

93

Kürbis
Cucurbita maxima

 April in Vorkultur; Mai im Freiland.

100 cm.

250 cm.

vorkultivierte Pflanzen im Mai (abhärten!).

Starkzehrer; wird bevorzugt in der Nähe von oder auf Komposthaufen gepflanzt; anderenfalls mehrere Volldüngergaben; sonniger Standort.

hoher Wasserbedarf; bei Trockenheit reichlich wässern.

nach Ansatz von 2–3 Früchten Sproßspitze entfernen; reife Früchte September/Oktober.

Kürbispflanzen bilden an ihren langen, meist kriechend wachsenden Sprossen Ranken, mit denen sie auch an Zäunen hochklettern können. Es gibt männliche und weibliche Blüten. Letztere sind an den unterständigen Fruchtknoten (kleiner Kürbis) zu erkennen. Bei guter Nährstoff- und Wasserversorgung können Früchte bis zu 100 kg Gewicht geerntet werden.

Mairübe
Brassica rapa var. campestris

 März/April (Vorfrühling) oder Juli/August (Hochsommer).

 30 cm.

 15–20 cm.

 vereinzeln, nicht verpflanzen.

* * Mittelzehrer; anspruchslos; jeder Boden ist geeignet; tiefgründig bearbeiten; bei Humusmangel 1mal wenig Volldünger geben.

 bei Trockenheit wässern.

 Juni bzw. September.

📖 Es gibt verschiedene Mairübensorten: rundliche, längliche, weiße, rote und gelbe. Die ersten zarten Blätter werden mit ihren Stielen gern als spinatartiges Gemüse zubereitet (Rübstiel, Stielmus). Dazu verwendet man am besten die beim Vereinzeln anfallenden jungen Pflanzen. Die Ernte der Rüben kann über längere Zeit erfolgen; die Mairüben schießen nicht so leicht. Im Sommer gelingt die Kultur in warmen, trockenen Gebieten nicht.

Möhre
Daucus carota var. sativa

 je nach Sorte März bzw. Mai/Juni.

↕ 20 cm.

⊥⊥ 5 cm.

vereinzeln, nicht verpflanzen.

** Mittelzehrer; lockerer, tiefgründiger Boden; Humus-
reichtum günstig; sonst 1–2 Volldüngergaben.

nur bei anhaltender Trockenheit.

frühe Sorten ab Juni, späte ab September.

Im 1. Jahr bildet die Möhre eine Rosette aus mehrfach
gefiederten Blättern. Gleichzeitig entwickelt sich die
hellrote Pfahlwurzel zu einer fleischigen Rübe, die je nach
Sorte verschieden geformt sein kann. In steinigem oder
festem Boden verzweigen sich die Rüben; sie werden
beinig. Im 2. Jahr entwickelt sich der Blütenstand, indem
er der Rübe die notwendigen Nährstoffe entzieht.

Neuseeländer Spinat
Tetragonia tetragonoides

 Mai; Vorkultur ab März im Zimmer möglich.

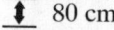 80 cm.

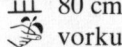 80 cm.

vorkultivierte Pflanzen nach Abhärtung im Mai.

Schwachzehrer; keine besonderen Bodenansprüche.

wegen der langen Keimzeit ständiges Feuchthalten bis zum Erscheinen der Pflänzchen; Samen 24 Stunden vor der Aussaat vorquellen.

bis zum Herbst Triebspitzen; 1–2 Pflanzen je Haushaltsmitglied reichen aus wegen der starken Blattproduktion.

Neuseeländer Spinat bildet lange Stengel, die sich im Umkreis von etwa 1 m ausbreiten. Durch häufiges Schneiden der Triebspitzen verzweigt sich die Pflanze und bildet reichlich Blätter nach. Die Blütenstengel wachsen senkrecht in die Höhe. Man entfernt sie frühzeitig. Die Pflanze gelangte gegen Ende des 18. Jahrhunderts in die Gärten Europas.

Paprika
Capsicum annuum

 Vorkultur Februar/März im Zimmergewächshaus.

70 cm.

40 cm.

im Mai nach den Eisheiligen.

** Mittelzehrer; humusreicher, lockerer Boden; evtl. mit
Volldünger nachdüngen.

anfangs weniger, nach dem Fruchtansatz reichlicher.

Juli – Oktober, je nach Sorte meist schon im grünen
Zustand der Schoten.

Der einjährige Strauch stammt aus Mittel- und Süd-
amerika. Er wird etwa 40 cm hoch. Es gibt zahlreiche
Sorten. Paprika ist sehr wärmebedürftig und in Mitteleuropa als Freilandpflanze nicht immer erfolgreich zu
kultivieren. In weniger warmen Gebieten ist die Kultur
unter Folientunneln möglich. Man sichert dann die
Bestäubung durch leichtes Schütteln der blühenden
Pflanzen.

Pastinake
Pastinaca sativa

 in warmen Gebieten ab Februar; sonst März – Juni.

 30 cm.

 10 cm.

Verpflanzen nicht üblich.

✻ ✻ Mittelzehrer; lockerer, tiefgründiger Boden; bei geringem Humusgehalt 1–2 Volldüngergaben in der Hauptwachstumszeit.

 im Sommer, besonders wenn es sehr trocken ist, regelmäßig.

 etwa 7 Monate nach der Aussaat; kann auch über Winter im Boden bleiben.

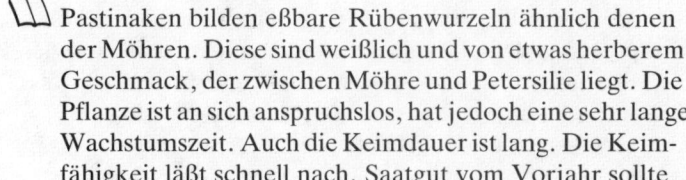 Pastinaken bilden eßbare Rübenwurzeln ähnlich denen der Möhren. Diese sind weißlich und von etwas herberem Geschmack, der zwischen Möhre und Petersilie liegt. Die Pflanze ist an sich anspruchslos, hat jedoch eine sehr lange Wachstumszeit. Auch die Keimdauer ist lang. Die Keimfähigkeit läßt schnell nach. Saatgut vom Vorjahr sollte nicht mehr verwendet werden.

Pflücksalat
Lactuca sativa var. crispa

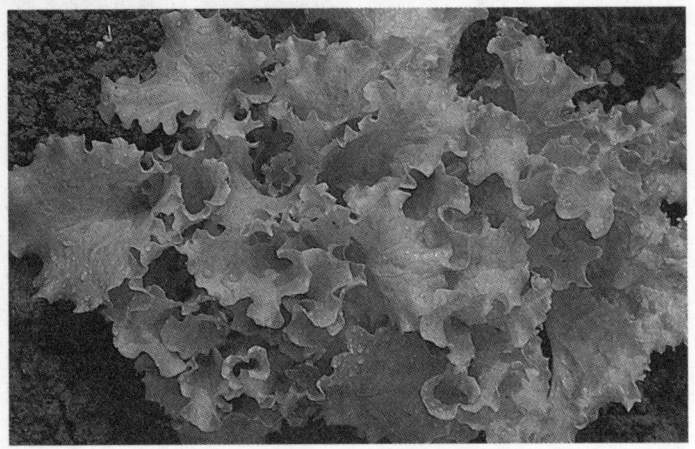

 ab März; Folgesaaten.

 20 cm.

⊥⊥ 10 cm.

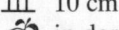 in der Regel vereinzeln; verpflanzen möglich.

✱✱ Mittelzehrer; lockerer nährstoff- und humusreicher Boden; sonniger bis halbschattiger Standort.

 bei Trockenheit muß gewässert werden.

 ab Juni je nach Aussaattermin.

📖 Diese Salatvarietät bildet keine Köpfe. Pflücksalat kann nach dem Heranwachsen der ersten Blätter im Ganzen geschnitten werden. Dann erübrigt sich das Vereinzeln. Man kann die Pflanzen auch größer werden lassen und pflückt jeweils die äußeren Blätter ab. Aus dem Herz der Pflanze wachsen laufend neue Blätter, die nachgeerntet werden können. Pflücksalat ist etwas herzhafter im Geschmack als Kopfsalat.

Porree
Allium porrum

 je nach Sorte ab Februar im Zimmergewächshaus, ab April auf das Saatbeet im Freien.

 40 cm.

 15 cm.

 ab April in 15 cm tiefe Furchen; später auffüllen.

** Mittelzehrer; keine besonderen Bodenansprüche; Düngung möglichst durch Kompost; wächst in sonniger und halbschattiger Lage.

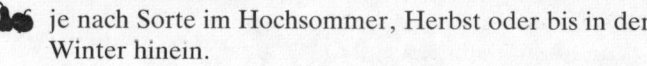 nach dem Pflanzen bis zum Anwachsen.

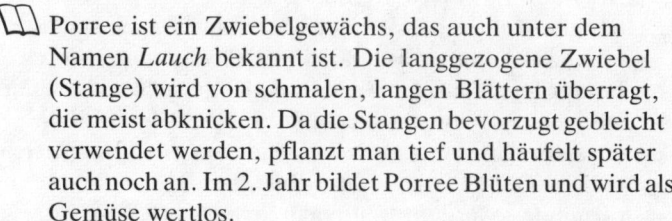 je nach Sorte im Hochsommer, Herbst oder bis in den Winter hinein.

📖 Porree ist ein Zwiebelgewächs, das auch unter dem Namen *Lauch* bekannt ist. Die langgezogene Zwiebel (Stange) wird von schmalen, langen Blättern überragt, die meist abknicken. Da die Stangen bevorzugt gebleicht verwendet werden, pflanzt man tief und häufelt später auch noch an. Im 2. Jahr bildet Porree Blüten und wird als Gemüse wertlos.

Puffbohne
Vicia faba

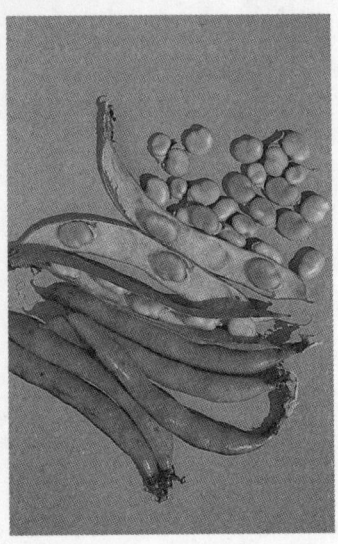

 März/April; 5–6 cm tief.

↕ 60 cm.

� mindestens 15 cm.

🌱 wird nicht verpflanzt.

✳ ✳ Mittelzehrer; möglichst schwerer Boden; sonniger Standort; Düngung durch Kompost oder 1mal Volldünger.

🪣 während der Hauptwachstumszeit zur Erhöhung der Widerstandsfähigkeit günstig.

🦋 sobald die grünen Früchte dicke, noch etwas milchige Bohnen enthalten (August/September); Samenstiele entfernen, da bitter.

📖 Als alte Kulturpflanze ist diese Art auch unter anderen Namen bekannt, z. B. *Saubohne, Pferdebohne, dicke Bohne*. Die Pflanzen werden etwa 80 cm hoch und blühen mit weißen, schwarzgefleckten Blüten. Wenn sich die ersten Früchte entwickeln, schneidet man den Haupttrieb zurück. Der Befall mit der Schwarzen Bohnenlaus kann vermindert werden, wenn man Seitentriebe ausgeizt.

102

Radieschen
Raphanus sativus

 ab Vorfrühling ins Frühbeet; März/April ins Freiland; Folgesaaten.

⬆ 10–20 cm.

⊥⊥⊥ etwa 4 cm.

✎ vereinzeln, nicht verpflanzen.

✱✱ Mittelzehrer; tiefgründiger humus- und nährstoffhaltiger Boden; evtl. wenig Volldünger geben.

💧 bei Trockenheit reichlich wässern, da Radieschen sonst pelzig werden.

🌱 4–5 Wochen nach der Aussaat.

📖 Radieschen sind einjährige Langtagspflanzen. Sie schießen, sobald die Tage länger als 12 Stunden werden. Es gibt Sommersorten (beim Samenkauf beachten!), die weniger leicht Blüten bilden. Bei zu langem Stand schießen aber auch diese. Radieschen sind die kleinen und schnellwüchsigen Formen des Rettichs. Es gibt verschiedene Sorten, meist rote, aber auch rot-weiße.

Rettich
Raphanus sativus

🌱 März – Mai.

↕ 30 cm.

⊥⊥ 10–15 cm.

🌱 vereinzeln, nicht verpflanzen.

** Mittelzehrer; tiefgründiger Boden; humus- und nährstoff-
reich; 1mal wenig Volldünger geben.

🌿 bei Trockenheit reichlich wässern.

🥕 ab Juni je nach Sorte und Aussaatzeit.

📖 Rettiche bilden ein üppiges Laub aus; die Einzelblätter
sind meist gelappt und werden bis zu 50 cm lang. Sie
nehmen entsprechend viel Platz ein. Die Kulturzeit des
Rettichs ist erheblich länger als die des Radieschens. Die
Rübenwurzeln sind wesentlich größer; ihr Geschmack ist
scharf. Es gibt verschiedene Sorten des frühen Rettichs
(Sommerrettich).

Rhabarber
Rheum raponticum

 nicht üblich.

 100 cm.

 100 cm.

 Herbst; Teilung älterer Stauden.

 Starkzehrer; bei der Neupflanzung kräftig düngen; während des Wachstums mehrmals Volldünger.

 hoher Wasserbedarf; gedeiht in regenreichen Gegenden am besten.

 April – Juni; kann durch Abdecken verfrüht werden.

 Die ausdauernde Pflanze stammt in ihrer Urform aus Asien. Verwendet werden die langen, fleischigen Blattstiele zu Konfitüre und Kompott. Rotstengelige Sorten werden bevorzugt. Die großen Blattspreiten können wegen ihres hohen Oxalsäuregehalts nicht verwendet werden. Man erntet jeweils die äußersten, kräftigsten Blattstiele durch Abdrehen. Die oberirdischen Teile der Pflanze sterben im Herbst ab.

105

Römischer Salat
Lactuca sativa var. longifolia

ab Juni auf das Saatbeet.

30 cm.

30 cm.

wenn die Pflanzen 5 Blätter haben.

Schwachzehrer; lockerer und humusreicher Boden; keine zusätzliche Düngung.

bei Trockenheit reichlich.

ab September, etwa 8 Wochen nach dem Pflanzen.

Römischer Salat ist auch als *Bindesalat* bekannt. Seine langen Blätter werden zum Bleichen zusammengebunden. Dadurch werden die Bitterstoffe, die den Geschmack der Pflanze nicht für jeden angenehm erscheinen lassen, verringert. Römischer Salat ist nicht schoßfest. Zu früh angebaute Pflanzen bilden keine kräftigen Blattrosetten; sie schießen schnell in Blüte.

Rosenkohl
Brassica oleracea var.
gemmifera

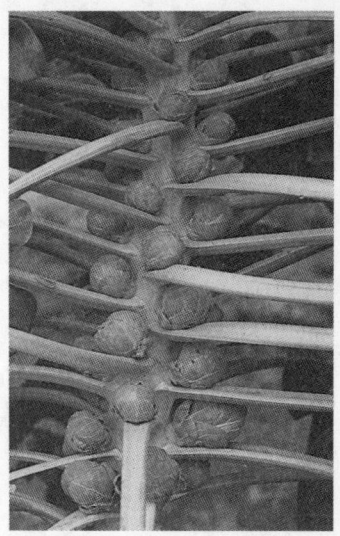

 frühe Sorten März/April ins Frühbeet oder auf das
Saatbeet; späte Sorten Mai/Juni auf das Saatbeet.

↨ 60 cm.

⊥⊥⊥ 50 cm.

April/Mai bzw. Juli/August.

＊＊ Mittelzehrer; nährstoffreicher Boden, doch nicht so stark
düngen wie andere Kohlvarietäten; sonniger Standort.

nur zum Anwachsen.

frühe Sorten Oktober/November; späte Sorten ab
November den ganzen Winter hindurch (Frostschutz!).

Rosenkohl ist ein Blattkohl, der etwa 60 cm hohe
Stämmchen ausbildet. In den Achseln der großen Blätter
bilden sich Knospen, die wie kleine Kohlköpfe geschlos-
sen bleiben (Rosen). Bei manchen Sorten sind die Rosen
nur am oberen Teil der Pflanze, bei anderen fast am
ganzen Stämmchen vorhanden. Die Rosen der frühen
Sorten wachsen besser, wenn man die Pflanzen entspitzt,
sobald genügend viele Knospen vorhanden sind.

107

Rotkohl
Brassica oleracea var. capitata

frühe Sorten ab März ins Frühbeet; späte Sorten im Mai auf das Saatbeet.

40 cm.

30–40 cm.

April/Mai bzw. Juni.

Starkzehrer; vor dem Pflanzen reichlich düngen; späte Sorten 1- bis 2mal mit Volldünger nachdüngen; sandiger bis lehmiger Boden; sonniger Standort.

bei Trockenheit reichlich.

frühe Sorten ab Juli, späte ab Oktober.

Ähnlich dem Weißkohl bildet Rotkohl feste Köpfe, die bei den späten Sorten am schwersten werden. Auch sie platzen, wenn nach langer Trockenheit plötzlich Regen einsetzt. In den Blättern ist ein blauroter Farbstoff enthalten, der dem Kohl den Namen gegeben hat *(Rotkohl, Blaukraut).* Mit Essig färbt er sich übrigens hellrot. Später Rotkohl kann für den Winter eingemietet oder im kühlen Keller gelagert werden.

Rote Bete
Beta vulgaris var. conditiva

 Ende April – Anfang Juli.

 25 cm.

 15 cm.

Zu dicht stehende rote Bete können auch verpflanzt werden (Juni – Juli).

** Mittelzehrer; je nach Boden 1- bis 3mal mit Volldünger oder Kompost düngen.

während der Keimzeit; später bei Dürre, um das Holzigwerden zu verhindern.

ab Juli; für den Winter einfrieren, einlegen oder kühl lagern.

Rote Bete ist eine Varietät der gewöhnlichen Rübe. Sie zeichnet sich durch ihre intensive Rotfärbung aus. Die Meinung, daß der rote Saft die Blutbildung fördert, beruht auf einem Analogieschluß (beides ist rot) und ist nicht bestätigt. Die Pflanze ist zweijährig und treibt erst im 2. Jahr zu Blütenständen aus. Einzelne Exemplare blühen schon im 1. Jahr – sie schossen.

109

Schwarzwurzel
Scorzonera hispanica

 möglichst schon ab März.

$\updownarrow$ 20 – 30 cm.

⊥⊥⊥ 10 cm.

 nur vereinzeln, nicht verpflanzen.

* * Mittelzehrer; lockerer, humusreicher Boden; steiniger oder frisch gedüngter Boden ungeeignet; tiefgründig (bis 40 cm) auflockern.

 sehr feuchtigkeitsbedürftig; bei Trockenheit reichlich wässern.

🥬 ab Mitte Oktober bis in den Winter hinein; auch noch im folgenden Frühling.

📖 Schwarzwurzeln sind 2–3 cm dick und von einer dunkelbraunen Korkschicht umhüllt. Sie werden etwa 30 cm lang. Man schält sie nach der Ernte wie Spargel und bereitet sie als zartes, leicht verdauliches Gemüse zu. Im 1. Jahr bilden sich an den Pflanzen meist nur Blattrosetten. Vereinzelt auftretende Blütenstände entfernt man. Die Blätter sind lang und schmal.

Sellerie

Apium graveolens var. rapaceum

 Vorkultur im Zimmer bzw. Ankauf von Jungpflanzen.

 40 cm.

 20 cm.

 Mai.

 Mittelzehrer; schwerer Boden günstig; ab August
1–2 Volldüngergaben.

feuchter Standort; sonst bei Trockenheit reichlich
wässern.

im späten Herbst oder zum Winterbeginn.

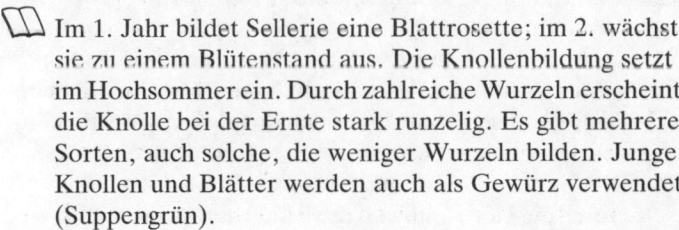 Im 1. Jahr bildet Sellerie eine Blattrosette; im 2. wächst
sie zu einem Blütenstand aus. Die Knollenbildung setzt
im Hochsommer ein. Durch zahlreiche Wurzeln erscheint
die Knolle bei der Ernte stark runzelig. Es gibt mehrere
Sorten, auch solche, die weniger Wurzeln bilden. Junge
Knollen und Blätter werden auch als Gewürz verwendet
(Suppengrün).

Spinat
Spinacia oleracea

 März/April (Vorfrühling); Juli/August (Hochsommer); Herbst.

⇕ 20–30 cm.

⊥⊥⊥ 10 cm.

✂ wird nicht verpflanzt.

✻✻ Mittelzehrer; humusreicher Boden, jedoch nicht stark gedüngt; evtl. 1 Volldüngergabe; sonniger bis halbschattiger Standort.

💧 Wässern bei Trockenheit verzögert das Schießen.

🐛 Mai/Juni; September/Oktober; Frühjahr.

📖 Spinat ist eine Langtagspflanze, d. h., wenn die Tage länger als 12 Stunden werden, setzt die Blütenbildung ein: Der Spinat schießt. Der Anbau erfolgt entsprechend in den Jahreszeiten mit kürzeren Tagen, denn allein die Blätter der grundständigen Rosetten sind genießbar. Durch die Herbstaussaat der winterharten Pflanze ist eine Ernte im zeitigen Frühjahr möglich.

Spitzkohl
Brassica oleracea var. capitata

 März/April; Frühbeet oder Saatbeet.

↨ 30 cm.

ㅛ 30–40 cm.

April/Mai.

*** Starkzehrer; vor der Pflanzung gut gedüngter (kompost-
reicher) Boden; mehr sandig als lehmig; sonniger
Standort.

bei langdauernder Trockenheit.

ab Juli.

Spitzkohl ist eine frühe Weißkohlsorte. Die Blätter schließen sich so, daß der Kopf nach oben hin zugespitzt
erscheint. Der Kopf bleibt lockerer als der des Weiß-
kohls. Spitzkohl ist zum Verbrauch frisch aus dem Garten
bestimmt. Er kann schon recht früh geerntet werden,
auch wenn die Köpfe noch nicht ihre volle Größe erreicht
haben. Auf diese Weise sind mehrere Folgeernten
möglich.

Squash
Cucurbita pepo var.
giromontania

 April; Vorkultur im Zimmer.

 100 cm.

 100 cm.

 Mai (Abhärtung).

 Mittelzehrer; nährstoffreicher, humushaltiger Boden;
1–2 Volldüngergaben; sonniger Standort.

 bei anhaltender Trockenheit wässern.

 Anfang Juli – Ende September.

 Als Squash, *Fliegende Untertasse* oder *Scheibenkürbis* ist
diese Zucchinisorte mit den großen, weißen, scheiben-
förmigen Früchten bekannt geworden. Die nicht ran-
kende Pflanze hat männliche und weibliche Blüten. Nur
aus letzteren entwickeln sich die Früchte. Man erntet,
wenn die Früchte noch nicht ausgereift sind (15–20 cm
Durchmesser). Dann werden über längere Zeit hinweg
Früchte nachgebildet.

Stangenbohne
Phaseolus vulgaris var. vulgaris

 Mai nach den Eisheiligen; 5 cm tief.

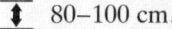 80–100 cm.

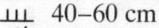 40–60 cm.

vereinzeln, nicht verpflanzen.

* Schwachzehrer; lockerer, humusreicher Boden; sonnige, geschützte Lage; Beete in Nord-Süd-Richtung anlegen.

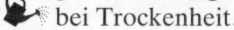 bei Trockenheit.

grüne Bohnen ab Juli; Nachernten bis September.

Stangenbohnen sind einjährige Gewächse, die sich wie Rechtsschrauben an Stützen emporwinden. Die Stangen sollen senkrecht stehen, damit die Pflanzen mehr Licht und Luft bekommen. Gesät wird nach dem Aufstellen der Stangen, und zwar je Stange 5–8 Bohnen. Durch ständiges Abernten der Bohnen wird die Nachbildung von Früchten angeregt, so daß man bis in den September hinein frische Bohnen bekommen kann.

Stielmangold
Beta vulgaris var. vulgaris

 April – Mai.

⬍ 30 cm.

⊥⊥ vereinzeln auf 15–20 cm Abstand.

kaum möglich; kann versucht werden.

∗ ∗ Mittelzehrer bis Starkzehrer; wächst auf allen Bodenarten; in humusreichem Boden und bei reichlich Kompostgaben keine zusätzliche Düngung, sonst 1- bis 2mal
Volldünger geben.

während der Keimzeit; später nicht notwendig.

ab Juni bis in den Herbst; ältere Blätter mit den Stielen
von außen her ausbrechen oder abschneiden, innere
nachwachsen lassen.

Diese Mangoldsorte zeichnet sich durch besonders breite
und kräftige Blattstiele aus. Die Blätter werden etwa
30 cm hoch; sie sind kleiner als beim Blattmangold. Man
verwendet die weißlichen Blattstiele ähnlich wie Spargel.
Auch die Blätter sind als spinatartiges Gemüse zu verwenden. Die Samen bilden kompakte Knäuel, aus denen
mehrere Pflanzen hervorgehen.

Tomate
Solanum lycopersicum

 Vorkultur März/April im Zimmer.

 60–80 cm.

 50 cm.

Mai nach den Eisheiligen (abhärten!).

Starkzehrer; gut gedüngter, lockerer Boden (viel Kompost oder mehrmals Volldüngergaben); sonniger, warmer Standort; Windschutz.

 reichlich wässern; Boden soll immer feucht sein.

 Juni – Oktober.

Tomaten sind einjährige Pflanzen mit einem starken, charakteristischen Geruch. Die Verzweigungen werden meist entfernt (entgeizt), damit es zu reichlicherem Fruchtansatz kommt. Im August werden die Triebspitzen ebenfalls entfernt, da sich jetzt noch bildende Früchte nicht mehr ausreifen. Der Solaningehalt der Früchte ist so gering, daß auch grüne Früchte nicht giftig sind.

Topftomate
Solanum lycopersicum

 Vorkultur März/April im Zimmer.

↕ einzeln.

ⅢⅢ einzeln.

✋ Mai nach den Eisheiligen (abhärten!).

✱✱✱ Starkzehrer; gut verrottete Kompost- oder Humuserde; Nachdüngen mit Volldünger (nach Bedarf); Standort auf Balkon oder Terrasse in geschützter, sonniger Lage.

💧 regelmäßig und reichlich gießen; Erde soll immer feucht sein.

🦋 Juni – Oktober.

📖 Für die Topf- oder Containerkultur sind Freilandtomaten nicht so gut geeignet. Hierfür wurden besondere Sorten mit kleineren oder größeren Früchten gezüchtet. Topf-tomaten verzweigen sich wenig. Sie brauchen nicht ausge-geizt zu werden. Oft erübrigt sich auch das Anbinden an Stützstäbe. Die Kultur ist einfach, da auf Balkon und Terrasse der Standort günstiger ist als im Freiland.

Topinambur
Helianthus tuberosus

 nicht üblich.

70 cm.

35 cm.

April; 20 cm tief.

* Schwachzehrer; keine besonderen Bodenansprüche; möglichst sonnige Lage.

 nicht notwendig.

 zu Beginn des Winters, da Knollen spät gebildet werden.

Topinambur ist eine ausdauernde Knollensonnenblume. Die Stauden werden bis zu 200 cm hoch. Sie blühen im September/Oktober mit kleineren Blüten als die einjährige Sonnenblume. An den Wurzelausläufern bilden sich längliche, runzelige Knollen, die als Gemüse verwendet werden. Sie enthalten viel Inulin, eine für Diabetiker gut bekömmliche Stärke.

Weißkohl
Brassica oleracea var. capitata

März/April auf das Saatbeet (evtl. ins Frühbeet).

40 cm.

30–40 cm.

April/Mai.

Starkzehrer; vor der Pflanzung gut gedüngter (kompost-
reicher) Boden; Nachdüngung, wenn schwere, große
Köpfe erzielt werden sollen; sonniger Standort.

bei langdauernder Trockenheit, damit die Köpfe bei
plötzlich einsetzendem Regen nicht platzen.

August – Oktober.

Weißkohl bildet große, feste Köpfe; bei manchen Sorten
werden sie mehrere kg schwer. Das Innere der Köpfe hat
kaum noch Blattgrün; die Blätter erscheinen weiß
(Name). Nach langer Trockenheit setzt das Wachstum
plötzlich wieder so stark ein, daß die Köpfe platzen. Der
nicht frostfeste Kohl muß vor Winterbeginn geerntet sein.
Nicht verbrauchte Köpfe können eingemietet oder im
kühlen Keller gelagert werden.

Winterportulak
Monita perfoliata

 Juli/August.

 25 cm.

10 cm.

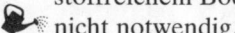 vereinzeln; verpflanzen lohnt nicht.
Schwachzehrer; wächst auf jedem Boden; wird bei nährstoffreichem Boden sehr üppig.

nicht notwendig.

ab Oktober; in schneefreien Zeiten den ganzen Winter über.

Der Winterportulak ist noch wenig bekannt; er wird auch als *Kubaspinat* oder *Quellkraut* bezeichnet. Aus den frisch geernteten Blättern bereitet man einen schmackhaften Salat. Auch als Spinatgemüse lassen sie sich verwenden. Im Frühjahr erscheinen die kleinen weißen Blüten. Anfangs ist das Gemüse dann noch zu verwenden; nicht mehr, wenn es bereits zu Fruchtansatz kommt.

121

Winterrettich
Raphanus sativus

 Juli.

⬍ 30 cm.

⊥⊥⊥ 10–15 cm.

🌱 in der Regel vereinzeln; verpflanzen möglich.

✳ ✳ Mittelzehrer; tiefgründiger Boden, humus- und nährstoffreich; 1mal wenig Volldünger geben.

💧 bei Trockenheit reichlich wässern.

🥬 ab Oktober bis zum Winterbeginn.

📖 Rettich ist eine zweijährige Pflanze, die erst im 2. Jahr
Blütenstände bildet. Vereinzelt – besonders bei zu früher
Aussaat – kommen auch schon im 1. Jahr Blüten hervor.
Die späten Rettichsorten werden als *Winterrettich* be-
zeichnet. Am bekanntesten sind die schwarzschaligen.
Vor dem Frost geerntete Winterrettiche können im Keller
gelagert werden.

Wirsingkohl
Brassica oleracea var. sabauda

 frühe Sorten im März im Zimmer; späte Sorten im April
auf das Saatbeet.

 50 cm.

⊥⊥⊥ 50 cm.

April bzw. Mai.

* * Mittelzehrer; sandiger oder lehmiger Boden; humus- und
nährstoffreich; nicht nachdüngen; sonniger Standort.

nur zum Anwachsen.

frühe Sorten ab Juli, späte ab September.

Typisches Kennzeichen des Wirsingkohls *(Welschkohl,
Savoyerkohl)* sind die krausen Blätter mit ihren blasen-
artigen Strukturen. Da die Blätter auch innerhalb des
Kopfes gekraust sind, werden die Köpfe nicht fest.
Wirsingkohl ist ein wohlschmeckendes Gemüse, das bald
nach der Ernte verzehrt werden muß. Einlagern für den
Winter ist nicht möglich.

123

Zierkohl
Brassica oleracea var. acephala

 April/Mai auf das Saatbeet.

 50 cm.

 40 cm.

 Mai/Juni.

** Starkzehrer; gut gedüngter bzw. nährstoffreicher Boden; sonniger Standort.

 nur zum Anwachsen.

 Oktober/November.

Im Zierkohl vereinigen sich in unterschiedlicher Zusammensetzung alle Farben, die bei Kohl vorkommen: grün, gelb, weiß, rot, blau. Die stark gekrausten, nicht zum Kopf zusammenschließenden Blätter stellen eine ungewöhnliche Zierde im Garten dar. Zierkohl ist eine Varietät des gewöhnlichen Kohls und als solche auch eßbar. Die Zubereitung ist wie beim Grünkohl.

Zucchini

Cucurbita pepo var. giromontania

 April; Vorkultur im Zimmer.

↨ 100 cm.

⊥⊥⊥ 100 cm.

Mai (abhärten!).

✻ ✻ Mittelzehrer; nährstoffreicher, humushaltiger Boden; 1–2 Volldüngergaben; warmer, sonniger Standort.

nur bei andauernder Trockenheit.

Juli – Oktober.

Zucchini gibt es in mehreren Sorten. Die nichtrankenden Pflanzen zeichnen sich durch große, meist gelappte Blätter aus. Die Blüten sind verschiedengeschlechtig. Wenn in ungünstigen Gebieten unter Folientunneln kultiviert wird, muß man künstlich bestäuben, indem man den Blütenstaub der abgepflückten männlichen Blüten in die weiblichen streut.

Zuckererbse
Pisum sativum

 Frühling bis Sommer; 4 cm tief.

🡙 40 cm.

⊥⊥⊥ etwa 8 cm.

 nicht verpflanzen.

* Schwachzehrer; keine besonderen Bodenansprüche;
sonniger und luftiger Standort.

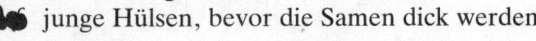 nur bei langanhaltender Trockenheit.

🡲 junge Hülsen, bevor die Samen dick werden.

📖 Die Zuckererbsen sind besonders süß. Sie können mit der
Hülsenschale verzehrt werden. Die mittelhoch werdenden Pflanzen benötigen Reiser oder Maschendraht als
Stützen, an denen sie hochranken können. Man kann sie
auch als Begrünung von Zäunen verwenden. Mehltau-
befall tritt bei zu engem Stand und viel Feuchtigkeit ein.

Zuckerhut
Cichorium intybus var.
foliosum

 Juni/Juli auf das Saatbeet.

 30 cm.

 20 cm.

 je nach Aussaattermin ab Ende Juni.

* Schwachzehrer; keine besonderen Bodenansprüche; keine zusätzliche Düngung bei humushaltigem Boden.

 bei Trockenheit.

 ab Ende August bis zu Winterbeginn.

Von dieser Zichorienart werden die länglichen Blattköpfe verwendet. Sie haben einen etwas herben Geschmack. Zuckerhut ist eine Langtagspflanze und treibt Blütenstände (schießt), wenn er zu früh angebaut wird. Er ist ein ausgesprochenes Herbstgemüse. Da er aber nicht frostfest ist, endet die Erntezeit mit dem Einbruch des Winters.

127

Zuckermais
Zea mays var. saccharata

 Mai (Vollfrühling).

⬍ 60 cm.

⊥⊥⊥ 40 cm.

Aussaat in Gruppen von 5 Körnern; später jeweils
1 Pflanze (kräftigste) stehen lassen; nicht verpflanzen.
Starkzehrer; nährstoffreicher Boden; evtl. Volldünger;
sonnige Lage.

nicht erforderlich.

ab Juli die unreifen Kolben mit noch milchigen Körnern.

Das Riesengras Mais wird 150–200 cm hoch. Es verankert
sich mit zusätzlichen Wurzeln, die aus den unteren Sten-
gelknoten hervorwachsen. Die männlichen Blütenstände
sind endständige Rispen, die weiblichen blattachsel-
ständige Kolben mit langen, heraushängenden Narben-
haaren. Damit die Bestäubung durch den Wind gesichert
ist, baut man in mehreren kurzen Reihen nebeneinander
an.

Zwiebel
Allium cepa

 März; 1 cm tief.
 30 cm.
 8–10 cm.
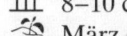 März (Steckzwiebeln).
✳ ✳ Mittelzehrer; mittelschwerer, humusreicher Boden; 1–2 Volldüngergaben zur Hauptwachstumszeit.
 während der Hauptwachstumszeit reichlich wässern.
gesäte Zwiebeln ab August, gesteckte schon ab Juni.

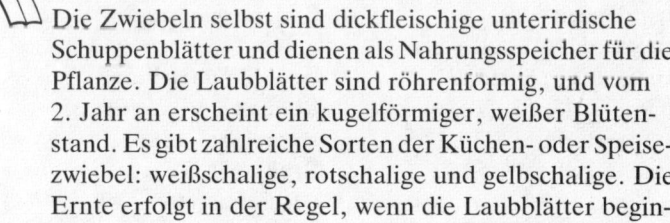 Die Zwiebeln selbst sind dickfleischige unterirdische Schuppenblätter und dienen als Nahrungsspeicher für die Pflanze. Die Laubblätter sind röhrenformig, und vom 2. Jahr an erscheint ein kugelförmiger, weißer Blütenstand. Es gibt zahlreiche Sorten der Küchen- oder Speisezwiebel: weißschalige, rotschalige und gelbschalige. Die Ernte erfolgt in der Regel, wenn die Laubblätter beginnen, welk zu werden.

Sachregister

*Das Standard-
werk der
biologischen
Küche.*

*Gesunde Ernäh-
rung für körper-
liches und
seelisches Wohl.*

*Endlich!
Die Diät,
die Spaß macht.*

*Schnäpse
und Liköre –
Auch ein Stück
Gesundheit?*

Helma Danner
**Biologisch
kochen
und backen**
Das Rezeptbuch der
natürlichen Ernährung

ECON Ratgeber

Ilse Sibylle Dörner
**Das grüne
Kochbuch**
Handbuch der
naturbelassenen Küche

ECON Ratgeber

Ilse Sibylle Dörner
**Diät mit
Bio-Kost**
Schlank, gesund und fit

ECON Ratgeber

Katharina Buss
**Leib-
und Magen-
elixiere**
Selbstgemachte Liköre
und Schnäpse

ECON Ratgeber

Danner, Helma
*Biologisch kochen
und backen*
– Das Rezeptbuch
der natürlichen
Ernährung –
288 Seiten, 8 Farb-
tafeln, 425 Rezepte
14,80 DM
ISBN 3-612-20003-8
ETB 20003

Dörner, Ilse Sibylle
Das grüne Kochbuch
– Handbuch der
naturbelassenen
Küche –
270 Seiten
20 Zeichnungen
382 Rezepte
12,80 DM
ISBN 3-612-20026-7
ETB 20026

Dörner, Ilse Sibylle
Diät mit Bio-Kost
– Schlank, gesund
und fit –
Originalausgabe
189 Seiten
16 Zeichnungen
232 Rezepte
9,80 DM
ISBN 3-612-20019-4
ETB 20019

Buss, Katharina
Leib-u. Magenelixiere
– Selbstgemachte
Liköre u. Schnäpse –
Originalausgabe
144 Seiten
30 Zeichnungen
4 Farbtaf., 167 Rezepte
8,80 DM
ISBN 3-612-20018-6
ETB 20018

Das Buch
Natürliche Ernährung
ist nicht nur gesund,
sondern auch wohl-
schmeckend, durch
sie können Krankhei-
ten geheilt, gelindert
und verhindert wer-
den: Karies, Paradon-
tose, Erkrankung des
Bewegungsapparates,
Zuckerkrankheit, Le-
ber-, Gallen-, Nieren-
erkrankungen, Be-
schwerden der Ver-
dauungsorgane, Ge-
fäßerkrankungen u. v.
a. m. Naturbelassene
Ernährung bringt dem
Menschen neuen
Schwung, Elastizität,
Ausdauer und hohe
Konzentrationsfähig-
keit, sie erhält ihn ge-
sund und schlank.
Die Rezepte in diesem
Buch sind praxiser-
probt.

Die Autorin
Helma Danner ist Ge-
sundheitsberaterin.
Sie beschäftigt sich
seit vielen Jahren mit
der wissenschaftli-
chen und Laienlitera-
tur auf dem Ernäh-
rungssektor, mit neue-
sten und alten Ge-
sundheits- und Koch-
büchern.

Das Buch
Das Handbuch der na-
turbelassenen Küche
beweist mit über 380
Rezepten, daß man
gesund leben und
trotzdem köstlich es-
sen kann.
Modernes Kochen mit
frischen und gesun-
den Lebensmitteln,
die schonend, selbst
für schmackhafte
Speisen, verarbeitet
werden – unter die-
ser Maxime steht das
grüne Kochbuch mit
seinen vielen praxis-
erprobten Rezep-
ten, Anleitungen, Tips
und Ratschlägen zur
naturbelassenen Kü-
che. Es zeigt aber
auch, daß Kochen
nicht erst am Herd be-
ginnt: Joghurt und Kä-
se, Gemüse und Kräu-
ter aus eigener Pro-
duktion bereichern je-
den Tisch.

Die Autorin
Ilse Sibylle Dörner
schreibt als freie
Journalistin u. a. für
die Zeitschrift „Fein-
schmecker". Sie ist
Autorin mehrerer
Kochbücher.

Das Buch
Bio-Diät ist eine neue,
gesunde Möglichkeit,
schlank zu werden
und schlank zu blei-
ben. Köstliche Rezep-
te, eine Einführung in
die Kräuter- und Keim-
lingszucht, Bio-Kos-
metik und Bio-Medi-
zin verleiten den Le-
ser, sofort anzufangen
und ohne Qual und
zeitliche Begrenzung
seinem Körper etwas
Gutes zu tun, ihn
schlank und fit zu hal-
ten.

Die Autorin
Ilse Sibylle Dörner
schreibt als freie
Journalistin u. a. für
die Zeitschrift „Fein-
schmecker". Sie ist
Autorin mehrerer
Kochbücher, u.a. „Das
grüne Kochbuch", ein
Standardwerk für die
alternative Küche.

Das Buch
Äbte, Padres und Non-
nen durften keinen Al-
kohol zu sich nehmen,
und doch haben sie
die besten Rezepte für
die Zubereitung von
Kräuterlikören und
Schnäpsen zusam-
mengestellt.
Viele der alten Klö-
stertränke sind hier in
etwa 200 Rezepten auf-
genommen. Für jeden
Geschmack und für
die Gesundheit oben-
drein ist etwas dabei.
Eine Tabelle über die
Reifezeiten von Früch-
ten und Kräutern er-
leichtern die jährliche
Planung der eigenen
Herstellung.

Die Autorin
Katharina Buss ist Le-
bensmitteljournalistin,
sie schreibt u. a. für
den „Feinschmecker".
Die Rezepte hat sie
selbst ausprobiert.

Erste Hilfe für Kinder.

Diagram
Soforthilfe für mein Kind
Bei Unfällen und Krankheiten
ECON Ratgeber

Diagram
Soforthilfe für mein Kind
Bei Unfällen und Krankheiten
128 Seiten
200 Zeichnungen
7,80 DM
ISBN 3-612-20115-8
ETB 20115

Das Buch
Wie wäscht man eine Wunde aus? Wie behandelt man Verbrennungen? Wie wird ein Finger verbunden? Was macht man bei Knochenbrüchen? Wie entfernt man einen Splitter? Was gehört in den Erste-Hilfe-Schrank? Was macht man bei Hautinfektionen?
Auf diese und viele andere Fragen gibt das Buch klare Antworten, erklärt durch über 200 Zeichnungen. Es sagt den Eltern, wie sie sich bei Kinderkrankheiten und anderen kindlichen Problemen verhalten sollen, bei Blinddarmreizung und Ohrinfektionen, bei Schock und in vielen anderen Fällen.
Dieses Buch wurde in Zusammenarbeit mit dem Deutschen Roten Kreuz erstellt und ist Begleitbuch in einer ZDF-Fernsehreihe.

Mehr Spaß am Lernen – Mehr Zeit zum Spielen.

Günther Beyer
So lernen Schüler leichter
Gedächtnis- und Konzentrationstraining
ECON Ratgeber

Beyer, Günther
So lernen Schüler leichter
– Gedächtnis- und Konzentrations-training –
128 Seiten, 92 Zeichnungen, 49 Übungen
6,80 DM
ISBN 3-612-20001-1
ETB 20001

Das Buch
Mangelhafte Konzentrationsfähigkeit und schlechtes Gedächtnis sind oft die Ursachen für ungenügende Leistungen in der Schule. Dieses Buch schafft Abhilfe: Kinder zwischen 8 und 15 Jahren erfahren, wie sie mit einfachen Lerntechniken ihr Gedächtnis schulen und ihre Konzentrationsfähigkeit erhöhen können, um besser zu werden, Spaß am schnellen Lernen zu finden und damit mehr Zeit zum Spielen zu haben.
Übungen und Kontrolltests helfen, Können und Leistungen zu steigern.

Der Autor
Günther Beyer ist Gründer des Eltern-Schüler-Förderkreises Nordrhein-Westfalen. Er leitet ein eigenes Institut für Creatives Lernen.
Im ECON-Verlag erschienen seine Ratgeber „Creatives Lernen", „Gedächtnis- und Konzentrationstraining" und „Superwissen durch Alpha-Training".

Die Ängste unserer Kinder.

Gisela Eberlein
Ängste gesunder Kinder
Praktische Hilfe bei Lernstörungen
ECON Ratgeber

Eberlein, Gisela
Ängste gesunder Kinder
– Praktische Hilfe bei Lernstörungen –
158 Seiten
7,80 DM
ISBN 3-612-20010-0
ETB 20010

Das Buch
Jedes Kind kämpft mit unbewußten Ängsten, die es in irgendeiner Form hindern, zwanglos fröhlich, aktiv und spontan zu sein. Nervosität, Schlafstörungen, Kontaktschwierigkeiten, ja sogar Asthma, Stottern, Bettnässen sind Folgen dieser Ängste, die durch gezielt angewendete psychologische und pädagogische Entspannungsübungen behoben werden können. Wie, das zeigt dies Buch.

Die Autorin
Dr. med. Gisela Eberlein lehrt in eigener Praxis, in Seminaren und Arbeitsgemeinschaften autogenes Training. Besonders bei Kindern erzielte sie über psychologisch und pädagogisch fundierte Entspannungsmethoden große Erfolge.

Damit der Kindergeburtstag wirklich gelingt.

Isolde Kiskalt
Wir feiern eine Kinderparty
Spiele, Rezepte, Zaubereien für 4- bis 10jährige
ECON Ratgeber

Kiskalt, Isolde
Wir feiern eine Kinderparty
Spiele, Rezepte, Zaubereien für 4- bis 10jährige
Originalausgabe
128 Seiten
86 Zeichnungen
7,80 DM
ISBN 3-612-20102-6
ETB 20102

Das Buch
Wichtig für eine Kinderparty ist die richtige Vorbereitung. Essen und Trinken, Spiele und Gewinne müssen geplant werden. Dazu findet man in diesem Buch zahlreiche Anregungen und Vorschläge.

Aus dem Inhalt
Vorbereitungen zur Party · Rezepte für Kindergetänke, Gebäck und kleines kaltes Büfett · Bekannte und weniger bekannte Spiele (mit Altersangabe) · Kleine Zaubereien für die Erwachsenen · Zum Ausklang des Festes: eine Tombola.

Die Autorin
Isolde Kiskalt ist Schriftstellerin und bringt hier ihre Erfahrungen, die sie bei Festen für ihre Tochter gewonnen hat.

AIDS wurde zum Schrecken der Welt.	*Jeder 5. Deutsche reagiert allergisch.*	*Rheuma: Die Geißel Nummer 1.*	*Jede dritte Frau leidet unter Orangenhaut.*

Karl Heinz Reger
Petra Haimhausen

AIDS

Die neue Seuche
des 20. Jahrhunderts

ECON Ratgeber

Wolf Ulrich

**Allergien
sind heilbar**

Hilfe bei Heuschnupfen
und anderen allergischen
Krankheiten

ECON Ratgeber

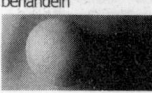

Maximilian Alexander

**Rheuma
ist heilbar**

Neueste
Naturheilmethoden

ECON Ratgeber

Wolf Ulrich

**Zellulitis
ist heilbar**

Orangenhaut –
vorbeugen und selbst
behandeln

ECON Ratgeber

Reger, Karl Heinz/
Haimhausen, Petra
AIDS
– Die neue Seuche
des 20. Jahr-
hunderts –
134 Seiten
8,80 DM
ISBN 3-612-20084-4
ETB 20084

Ulrich, Wolf
*Allergien
sind heilbar*
– Hilfe bei Heu-
schnupfen und
anderen allergischen
Krankheiten –
159 Seiten
14 Zeichnungen
8,80 DM
ISBN 3-612-20023-2
ETB 20023

Alexander, Maxi-
milian
Rheuma ist heilbar
– Neueste Natur-
heilmethoden –
142 Seiten
7,80 DM
ISBN 3-612-20017-8
ETB 20017

Ulrich, Wolf
Zellulitis ist heilbar
– Orangenhaut vor-
beugen und selbst
behandeln –
128 Seiten
51 Fotos
6,80 DM
ISBN 3-612-20012-7
ETB 20012

Das Buch
Dieses Buch soll Auf-
klärung schaffen, es
offenbart alles, was
heute über diese ver-
hängnisvolle Krank-
heit und ihre Entste-
hung bekannt ist.

Aus dem Inhalt
Fünf Schicksale, die
am Beginn einer neu-
en Epidemie stehen ·
So kann AIDS entste-
hen · Wie AIDS in
den Körper gelangt ·
Krankheitserreger,
die für AIDS-Kranke
tödlich sein können ·
Was Ärzte heute ge-
gen AIDS tun können ·
Wie AIDS-Gefährde-
te sich schützen kön-
nen.

Die Autoren
Karl Heinz Reger ist
Journalist und Sach-
buchautor medizini-
scher Themen.
Dr. med. Petra Haim-
hausen ist Ärztin.

Das Buch
Tränende Augen,
Schnupfnase, ge-
schwollene Schleim-
häute oder absinken-
der Blutdruck sind ty-
pische Symptome für
Allergien, die ausge-
löst werden können
durch Pilzsporen oder
Pollen, durch Medi-
kamente, Mehl, ver-
schiedene Fasern,
Milch, Obst, Fisch
oder Eier. Beschrie-
ben wird, welche
Krankheitsbilder mit
welchen Symptomen
allergisch bedingt
sind, welche Diagno-
semethoden es gibt,
welche Vor- und Nach-
teile sie haben und
wie Allergien behan-
delt werden können.

Der Autor
Dr. med. Wolf Ulrich
ist Medizinjournalist
und Verfasser ande-
rer Bücher. Im ECON-
Verlag erschienen sei-
ne Ratgeber „Schmerz-
frei durch Akupressur
und Akupunktur",
„Zellulitis ist heilbar"
und „Haare pflegen
und erhalten".

Das Buch
Mindestens vier Pro-
zent der Menschheit ist
an Rheuma erkrankt.
Die herkömmliche Me-
dizin hat diese Krank-
heit mit ihren verhee-
renden Folgen für Pa-
tient, Staat und Volks-
wirtschaft nicht in den
Griff bekommen kön-
nen.
In diesem Buch wer-
den hochwirksame Na-
turheilmethoden ge-
gen den gesamten
Rheumakomplex dar-
gestellt. Bei konse-
quenter Anwendung
kann mit Naturheilmit-
teln dieses Leiden ge-
lindert werden, eine
neue Hoffnung besteht
zurecht.

Der Autor
Maximilian Alexander
arbeitet seit vielen
Jahren als Medizin-
Journalist.

Das Buch
Zellulitis ist heilbar!
Der Autor erklärt, wie
Zellulitis entsteht, und
schildert, wie man Zel-
lulitis erfolgreich vor-
beugen kann und sie
heilt. Er entwickelte ein
mehrstufiges Anti-
Zellulitis-Programm,
mit dem er durch Le-
bensführung, richtige
Ernährung, Sport und
Gymnastik, Massage,
Medikamente und
viel Geduld in zehn
Wochen diese häßli-
che Krankheit heilen
kann. 51 Fotos erläu-
tern sein Programm
und erleichtern dem
Leser, es alleine
durchzuführen.

Der Autor
Dr. med. Wolf Ulrich
ist Facharzt für Haut-
krankheiten.

*Primadonna,
die man
lieben muß.*

*Das Rauhbein
mit der
zarten Seele.*

*Mischlinge
haben die
besten
Charaktere.*

*Meine ersten
eigenen Fische.*

Brigitte Eilert-Overbeck

Meine Katze

Verhalten, Ernährung, Pflege

Begleitbuch zur ZDF-Serie „Mit Tieren leben"

ECON Ratgeber

Arnt-Günter Nimz

Mein Hund

Verhalten, Erziehung, Pflege

Begleitbuch zur ZDF-Serie „Mit Tieren leben"

ECON Ratgeber

Rolf Spangenberg

Klassehunde ohne Rasse

Freundschaft,
die nie enttäuscht

ECON Ratgeber

Hans J. Mayland

Aquarium für Anfänger

Beckenarten, Aquarientechnik, Bepflanzung, Fische

ECON Ratgeber

Eilert-Overbeck, B.
Meine Katze
Verhalten, Ernährung,
Pflege
Originalausgabe
140 Seiten
24 Zeichnungen
8,80 DM
ISBN 3-612-20151-4
ETB 20151

Nimz, Arnt-Günter
Mein Hund
Verhalten, Erziehung,
Pflege
Originalausgabe
128 Seiten
ca. 30 Zeichnungen
8,80 DM
ISBN 3-612-20150-6
ETB 20150

Spangenberg, Rolf
*Klassehunde
ohne Rasse*
Freundschaft,
die nie enttäuscht
224 Seiten
30 Fotos
9,80 DM
ISBN 3-612-20109-3
ETB 20109

Mayland, Hans J.
*Aquarium
für Anfänger*
Beckenarten,
Aquarientechnik,
Bepflanzung, Fische
Originalausgabe
144 Seiten, 30 Farb-
fotos, 60 Zeichnungen
9,80 DM
ISBN 3-612-20100-X
ETB 20100

Das Buch
Katzen wollen den Familienanschluß, ja sogar die „Gleichberechtigung" von ihrem menschlichen Wohngenossen. Sie können zärtliche Schmusetiere sein, aber sie können auch das Erbe ihrer wilden Verwandten nicht leugnen. In diesem Buch erfährt man alles, was für das Zusammenleben und Verständnis notwendig ist.

Aus dem Inhalt
Die Katze – ein Tier mit Persönlichkeit · Grundvoraussetzungen für die Katzenhaltung · Eine Katze kommt in die Familie · Wohnungskatze oder „Freiläufer" · Ernährung und Pflege · Gesundheit und Geburtenkontrolle · Welche Katze soll es sein?

Die Autorin
Brigitte Eilert-Overbeck ist Journalistin und Autorin mehrerer Katzenbücher.

Das Buch erscheint als Begleitbuch zur ZDF-Serie „Mit Tieren leben".

Das Buch
Hunde sind die treuesten Haustiere, ob es nun Rassehunde oder Mischlinge sind. In diesem Buch wird von einem kompetenten Autor alles das beschrieben, was wichtig ist für das Zusammenleben von Hund und Mensch, sowohl in der Stadt als auch auf dem Land.

Aus dem Inhalt
Welcher Hund ist der richtige? · Kleine Hundepsychologie · Erziehung des Hundes · Richtige Ernährung · Hund und Kind · Der vierbeinige Patient · Mit Hund auf Reisen · Leben mit Hunden.

Der Autor
Dr. med. vet. A.-G. Nimz ist Kleintierarzt mit eigener Praxis und hat jahrelange Erfahrung im Umgang mit Hunden.

Das Buch erscheint als Begleitbuch zur ZDF-Serie „Mit Tieren leben".

Das Buch
Eine „Promenadenmischung" werden sie oft abfällig genannt, die liebenswerten Hunde, die auf keinen makellosen Stammbaum zurückblicken können. Dabei sind sie besonders kraftvoll, widerstandsfähig und anhänglich.

Aus dem Inhalt
Erwerb · Rassenstolz · Hundeknigge · Körpersignale kultivieren · Stimmklang modulieren · Soziale Stellung betonen · Hundestrafen · Haltung und Pflege · Der erste Tag · Der Alltag · Hundeliebe · Tierquälerei · Tierschutzvereine und Tierheime

Der Autor
Dr. Rolf Spangenberg ist Tierarzt und Sachbuchautor.

Das Buch
Fische sind nicht nur schön, sie stellen auch ein wahres Nervenelixier dar. Das Aquarium und seine Pflege sind ein Hobby für die ganze Familie. Kinder lernen das Wunder der Fortpflanzung sowie die Liebe zur Kreatur.

Aus dem Inhalt
Welchen Aquarientyp brauchen wir? · Wohin mit dem Aquarium? · Größe und Gewicht eines Aquariums · Keine Angst vor der Technik! · Einrichtung des Beckens · Das Wasser · Über die Bepflanzung · Die Fische · Fütterung · Aquarienmedizin

Der Autor
Hans J. Mayland ist der bekannteste deutsche Aquaristik-Autor.

ETB-GESAMTVERZEICHNIS ECON RATGEBER

Gesundheit

Maximilian Alexander
Die (un)heimlichen Krankmacher
Vorbeugen, erkennen, heilen

ECON Ratgeber

ETB 20039   DM 9,80
Originalausgabe,
144 Seiten

Wolf Ulrich
Allergien sind heilbar
Hilfe bei Heuschnupfen und anderen allergischen Krankheiten

ECON Ratgeber

ETB 20023   DM 8,80
159 Seiten,
14 Zeichnungen

Maximilian Alexander
Rheuma ist heilbar
Neueste Naturheilmethoden

ECON Ratgeber

ETB 20017   DM 7,80
142 Seiten

Bernard A. Bäker
Gelenkerkrankungen

Arthritis, Arthrose, Gelenkrheuma

ECON Ratgeber

ETB 20080   DM 8,80
141 Seiten,
57 Zeichnungen,
12 Fotos

Gerhard Leibold
Das Kreuz mit dem Kreuz

Bandscheibenschäden vorbeugen und heilen

ECON Ratgeber

ETB 20133   DM 7,80
Originalausgabe,
ca. 144 Seiten,
15 Zeichnungen

Bernard A. Bäker
Migräne und Kopfschmerzen sind heilbar

ECON Ratgeber

ETB 20063   DM 7,80
115 Seiten,
6 Zeichnungen

Werner Zenker
Mit Asthma leben lernen

ECON Ratgeber

ETB 20049   DM 7,80
Originalausgabe,
173 Seiten

Werner Zenker
Mein Kind hat Asthma

ECON Ratgeber

ETB 20037   DM 9,80
Originalausgabe,
202 Seiten

Martin Schwartz
Stottern ist heilbar

Erfolgreiche Behandlungsmethoden

ECON Ratgeber

ETB 20007   DM 7,80
176 Seiten

Gerhard Leibold
Die Schilddrüse

Krankheiten vorbeugen und behandeln

ECON Ratgeber

ETB 20106   DM 7,80
Originalausgabe,
ca. 128 Seiten,
4 Zeichnungen

Bernard A. Bäker
Brustkrebs

Vorbeugen, erkennen, handeln

ECON Ratgeber

ETB 20107   DM 8,80
Originalausgabe,
ca. 176 Seiten,
Zeichnungen

Gerhard Leibold
Risikofaktor Cholesterin

Erkennen und vorbeugen

ECON Ratgeber

ETB 20083   DM 7,80
Originalausgabe,
138 Seiten, 5 Zeichnungen

Michael Eisenberg
Magenkrank?

Behandlung und Heilung

ECON Ratgeber

ETB 20068   DM 8,80
159 Seiten,
14 Zeichnungen

Angela Kilmartin
Blasenentzündung

Vorbeugen und selbst behandeln

ECON Ratgeber

ETB 20072   DM 8,80
164 Seiten,
18 Zeichnungen

Wolf Ulrich
Zellulitis ist heilbar
Orangenhaut – vorbeugen und selbst behandeln

ECON Ratgeber

ETB 20012   DM 6,80
128 Seiten,
51 Fotos

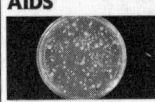

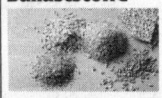

A. Werner
Wege weg vom Alkohol

ECON Ratgeber

ETB 20075 **DM 9,80**
Originalausgabe,
215 Seiten

Hans Ewald
Akupressur für Jeden

ECON Ratgeber

ETB 20020 **DM 6,80**
111 Seiten,
41 Zeichnungen,
55 Fotos

Hans Ewald
Akupunktur für Jeden
Eine Anleitung in Bildern

ECON Ratgeber

ETB 20005 **DM 6,80**
112 Seiten,
35 Zeichnungen,
43 Fotos

Alfred Bierach
Reflexzonentherapie
Krankheiten erkennen und selbst behandeln

ECON Ratgeber

ETB 20002 **DM 6,80**
123 Seiten,
89 Zeichnungen,
46 Fotos

Chris Stadtlaender
Selbstmassage

Gesund und schön durch eigene Kraft

ECON Ratgeber

ETB 20067 **DM 8,80**
Originalausgabe,
160 Seiten,
29 Zeichnungen

Yukiko Irwin
Shiatzu

Mit 10 Fingern gegen 1000 Krankheiten

ECON Ratgeber

ETB 20140 **DM 9,80**
160 Seiten,
177 Zeichnungen

Hartmut Weiss
Yoga
Meditation
Schulung zur Selbstverwirklichung

ECON Ratgeber

ETB 20030 **DM 5,80**
126 Seiten,
36 Zeichnungen

Stella Weller
Natürliche Geburt durch Yoga

ECON Ratgeber

ETB 20014 **DM 7,80**
160 Seiten,
64 Fotos

Gisela Eberlein
Gesund durch Autogenes Training

ECON Ratgeber

ETB 20141 **DM 7,80**
132 Seiten,
6 Zeichnungen

Gisela Eberlein
Autogenes Training mit Kindern

ECON Ratgeber

ETB 20004 **DM 6,80**
112 Seiten

Gisela Eberlein
Autogenes Training mit Jugendlichen

Ziel, Sinn, Praxis

ECON Ratgeber

ETB 20061 **DM 7,80**
126 Seiten

Gisela Eberlein
Autogenes Training für Fortgeschrittene

ECON Ratgeber

ETB 20098 **DM 7,80**
120 Seiten

Cornelia Dunkel
H. Schulz
Boxgymnastik für Frauen

Das neue Fitneßprogramm für den ganzen Körper

ECON Ratgeber

ETB 20149 **DM 8,80**
Originalausgabe,
112 Seiten,
102 Fotos

Frieder Anders
Tai Chi Chuan

Meditation in Bewegung zur Steigerung des Körpergefühls und zur Festigung der Gesundheit

ECON Ratgeber

ETB 20065 **DM 9,80**
155 Seiten,
217 Fotos,
5 Zeichnungen

Chris Stadtlaender
Natürlich schön durch Bio-Kosmetik

ECON Ratgeber

ETB 20025 **DM 9,80**
174 Seiten, 16 Zeichnungen,
5 Farbfotos,
253 Rezepte

Ilse Sibylle Dörner

Das grüne Kochbuch

Handbuch der naturbelassenen Küche

ECON Ratgeber

ETB 20026   **DM 12,80**
270 Seiten,
20 Zeichnungen,
382 Rezepte

Helma Danner

Biologisch kochen und backen

Das Rezeptbuch der natürlichen Ernährung

ECON Ratgeber

ETB 20003   **DM 14,80**
288 Seiten,
8 Farbtafeln,
425 Rezepte

Ilse Sibylle Dörner

Diät mit Bio-Kost

Schlank, gesund und fit

ECON Ratgeber

ETB 20019   **DM 9,80**
Originalausgabe,
189 Seiten, 16 Zeichnungen,
232 Rezepte

Helma Danner

Bio-Kost für mein Kind

ECON Ratgeber

ETB 20050   **DM 8,80**
160 Seiten,
20 Zeichnungen

Anneliese und Gerhard Eckert

Selbst räuchern

Fische, Fleisch und Wurst ... Rezepte

ECON Ratgeber

ETB 20087   **DM 9,80**
Originalausgabe,
144 Seiten,
Zeichnungen

Veronika Müller

Käse und Joghurt selbst herstellen

Mit 100 Rezepten zum Kochen

Originalausgabe

ECON Ratgeber

ETB 20136   **DM 8,80**
Originalausgabe,
ca. 128 Seiten,
20 Zeichnungen

Heidemarie Freund

Marmeladen, Konfitüren und Gelees

150 Rezepte

Originalausgabe

ECON Ratgeber

ETB 20144   **DM 9,80**
Originalausgabe,
ca. 128 Seiten,
Zeichnungen

Ilse Sibylle Dörner

Kochen und heilen mit Honig

ECON Ratgeber

ETB 20070   **DM 9,80**
221 Seiten,
15 Zeichnungen,
516 Rezepte

Peter Espe

Tips für den Weinkauf

Band 1: Das Grundwissen

ECON Ratgeber

ETB 20148   **DM 8,80**
168 Seiten,
20 Zeichnungen

Katharina Buss

Leib- und Magen- elixiere

Selbstgemachte Liköre und Schnäpse

ECON Ratgeber

ETB 20018   **DM 8,80**
Originalausgabe,
144 Seiten, 30 Zeichnungen,
4 Farbtafeln, 167 Rezepte

Peter C. Hubschmid

Tee – für Kenner und Genießer

Ein Brevier mit 40 Teerezepten

ECON Ratgeber

ETB 20073   **DM 8,80**
Originalausgabe,
144 Seiten,
20 Zeichnungen

Gini Rock

Aus der Bohne wird Kaffee

80 Rezepte zur Zubereitung eines klassischen Getränks

ECON Ratgeber

ETB 20048   **DM 8,80**
168 Seiten,
37 Abbildungen

Heidrun und Friedrich Jantzen

Das Gartenjahr im Gemüsegarten

ECON Ratgeber

ETB 20108   **DM 9,80**
Originalausgabe,
ca. 128 Seiten,
ca. 100 Zeichnungen und Fotos

Ina Jung

Biologisch düngen

Gesunder Boden, weniger Schadstoffbelastung, mehr Ertrag

ECON Ratgeber

ETB 20134   **DM 9,80**
Originalausgabe,
ca. 128 Seiten,
ca. 50 Zeichnungen

Ina Jung
Der ökologische Wassergarten

Ein Biotop im Garten

ECON Ratgeber

ETB 20142 **DM 9,80**
Originalausgabe,
ca. 144 Seiten,
ca. 50 Zeichnungen

Ina Jung
Der Ökogarten für Kinder

Natur verstehen auf kleinstem Raum

ECON Ratgeber

ETB 20099 **DM 9,80**
Originalausgabe,
128 Seiten,
50 Zeichnungen

Gustav Schoser
Pflanzen überwintern

Immergrüne und laubabwerfende Gehölze, krautige Pflanzen

Originalausgabe

ECON Ratgeber

ETB 20085 **DM 9,80**
Originalausgabe,
ca. 144 Seiten,
ca. 50 Zeichnungen

Gustav Schoser
Zimmerpflanzen unter Kunstlicht

ECON Ratgeber

ETB 20116 **DM 9,80**
Originalausgabe,
ca. 144 Seiten, 4 Farbtafeln,
30 Fotos und Zeichnungen

Katharina Buss
Der Nutzgarten im Blumentopf

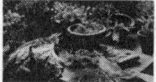

Kräuter und Gemüse statt Zierpflanzen

ECON Ratgeber

ETB 20059 **DM 9,80**
205 Seiten,
66 Zeichnungen

Brigitte Eilert-Overbeck
Meine Katze

Verhalten, Ernährung, Pflege

Begleitbuch zur ZDF-Serie »Mit Tieren leben«

ECON Ratgeber

ETB 20151 **DM 8,80**
Originalausgabe,
140 Seiten,
24 Zeichnungen

Arnt-Günter Nimz
Mein Hund

Verhalten, Erziehung, Pflege

Begleitbuch zur ZDF-Serie »Mit Tieren leben«

ECON Ratgeber

ETB 20150 **DM 8,80**
Originalausgabe,
128 Seiten,
ca. 30 Zeichnungen

Udo B. Brumpreiksz
Mein Dackel

Pflege, Ernährung, Krankheiten

ECON Ratgeber

ETB 20086 **DM 8,80**
Originalausgabe,
ca. 144 Seiten,
ca. 30 Abbildungen

Rolf Spangenberg
Klassehunde ohne Rasse

Freundschaft, die nie enttäuscht

ECON Ratgeber

ETB 20109 **DM 9,80**
224 Seiten,
30 Fotos

Horst Schall
Mein Kaninchen

Herkunft, Verhalten, Pflege

Begleitbuch zur ZDF-Serie »Mit Tieren leben«

Originalausgabe

ECON Ratgeber

ETB 20135 **DM 8,80**
Originalausgabe,
ca. 160 Seiten,
30 Fotos und Zeichnungen

Hans J. Mayland
Aquarium für Anfänger

Beckenarten, Aquarientechnik, Bepflanzung, Fische

ECON Ratgeber

ETB 20100 **DM 9,80**
Originalausgabe,
144 Seiten,
30 Farbfotos, 60 Zeichnungen

Gaby Karmann
Detlef Ost
Naturheilkunde für Katzen

ECON Ratgeber

ETB 20077 **DM 7,80**
Originalausgabe,
96 Seiten,
21 Zeichnungen

I. Ghosh
Naturheilkunde für Hunde

ECON Ratgeber

ETB 20076 **DM 7,80**
Originalausgabe,
120 Seiten,
14 Zeichnungen

Walter Salomon
Naturheilkunde für Pferde

ECON Ratgeber

ETB 20117 **DM 9,80**
Originalausgabe,
ca. 208 Seiten,
40 Fotos und Zeichnungen

Marga Drossard
Ursula Letschert
Naturheilkunde für Kleintiere

ECON Ratgeber

ETB 20118 **DM 9,80**
Originalausgabe,
ca. 160 Seiten,
ca. 40 Zeichnungen

Hobby

Heidemarie Freund
Schöne Geschenke selbst gebastelt

ECON Ratgeber

ETB 20088 **DM 8,80**
Originalausgabe,
112 Seiten,
ca. 70 Zeichnungen

Heidemarie Freund
Basteln mit Kindern

Zauberhafte Ideen für 4- bis 10jährige

ECON Ratgeber

ETB 20101 **DM 8,80**
Originalausgabe,
112 Seiten,
ca. 70 Zeichnungen

Christel Keller
Seidenmalerei

ECON Ratgeber

ETB 20137 **DM 14,80**
Originalausgabe,
112 Seiten,
ca. 30 Fotos, 16 Farbtafeln

Eva Gabisch
Chinesische Malerei
Anleitung für ein schöpferisches Hobby

ECON Ratgeber

ETB 20011 **DM 5,80**
95 Seiten,
3 Farbtafeln,
70 Zeichnungen

Annette Arnold
Kerzen und Figuren aus Bienenwachs

Anleitung zum Selbermachen

ECON Ratgeber

ETB 20110 **DM 9,80**
Originalausgabe,
128 Seiten,
ca. 50 Fotos und Zeichnungen

Edda Biesterfeld
Kleine Kunst auf weißem Gold
Ein Kurs zum Erlernen der Porzellanmalerei

ECON Ratgeber

ETB 20009 **DM 8,80**
157 Seiten,
16 Farbfotos,
80 Zeichnungen

Dieter Heitmann
Holz – das natürlichste Spielzeug der Welt
Ideen zum Selbermachen

ECON Ratgeber

ETB 20034 **DM 12,80**
122 Seiten,
68 Fotos, 13 Farbfotos,
100 Zeichnungen

Klaus Oberbeil
Kaufen und verkaufen auf dem Flohmarkt

ECON Ratgeber

ETB 20079 **DM 8,80**
Originalausgabe,
160 Seiten

Heiner Vogelsang
Trödel sammeln und restaurieren
1000 Tips für den Umgang mit alten Stücken

ECON Ratgeber

ETB 20042 **DM 12,80**
Originalausgabe,
174 Seiten, 8 Farbtafeln,
36 Zeichnungen

Helmut-Maria Glogger
Kunst und Antiquitäten sachkundig kaufen

ECON Ratgeber

ETB 20089 **DM 14,80**
Originalausgabe,
ca. 180 Seiten,
ca. 40 Zeichnungen

Siegfried Sterner
Hausmusik
Vergnügen in Dur und Moll

ECON Ratgeber

ETB 20036 **DM 9,80**
187 Seiten,
31 Zeichnungen

Spiele und Unterhaltung

H. Otake
S. Futakuchi
Go

Das Einführungsbuch des Deutschen Go-Bundes

ECON Ratgeber

ETB 20103 **DM 9,80**
Deutsche Erstausgabe,
200 Seiten,
250 Diagramme

Alfred Schwarz
Backgammon

Das offizielle Regelbuch des Deutschen Backgammon-Bundes

ECON Ratgeber

ETB 20112 **DM 9,80**
Originalausgabe,
ca. 128 Seiten,
116 Zeichnungen

Ruth Dirx
Kinderspiele von Januar bis Dezember
Unterhaltung für Mädchen, Jungen und Eltern

ECON Ratgeber

ETB 20032 **DM 7,80**
175 Seiten,
55 Zeichnungen,
198 Spielideen

Isolde Kiskalt

Wir feiern eine Kinderparty

Spiele, Rezepte, Zaubereien für 4- bis 10jährige

ECON Ratgeber

ETB 20102   DM 7,80
Originalausgabe,
128 Seiten,
86 Zeichnungen

Martin Weghorn

1000 Fragen zur Umwelt

Ein Quizbuch für Wissen und Unterhaltung

ECON Ratgeber

ETB 20090   DM 7,80
Originalausgabe,
128 Seiten,
ca. 100 Zeichnungen

Martin Weghorn

1000 Fragen zur Geographie

Ein Quizbuch für Wissen und Unterhaltung

ECON Ratgeber

ETB 20111   DM 7,80
Originalausgabe,
ca. 128 Seiten,
ca. 10 Zeichnungen

Martin Weghorn

1000 Fragen zur Geschichte

Ein Quizbuch für Wissen und Unterhaltung

ECON Ratgeber

ETB 20138   DM 7,80
Originalausgabe,
ca. 128 Seiten

Reden, Briefe, deutsche Sprache

Edith Hallwass

Gutes Deutsch in allen Lebenslagen

ECON Ratgeber

ETB 20139   DM 14,80
530 Seiten

Heidemarie Müller

Die schönsten Poesiealbumverse

ECON Ratgeber

ETB 20092   DM 6,80
Originalausgabe,
111 Seiten

Frank Hercher

Ansprachen, Reden, Toasts

Für alle Gelegenheiten

ECON Ratgeber

ETB 20093   DM 9,80
224 Seiten

Franz Bludau

Liebesbriefe

Musterbriefe für Verliebte

ECON Ratgeber

ETB 20105   DM 7,80
Originalausgabe,
ca. 128 Seiten

Brigitte Otto

Vornamen

Herkunft und Bedeutung Von Abigail bis Zygmunt

originalausgabe

ECON Ratgeber

ETB 20113   DM 7,80
Originalausgabe,
ca. 160 Seiten

Lebenshilfe

Peter Lauster

Lassen Sie sich nichts gefallen

Die Kunst, sich durchzusetzen Mut zum Ich

ECON

ETB 20081   DM 12,00
285 Seiten,
33 Zeichnungen

Anton und Marie-Luise Stangl

Lebenskraft

Selbstverwirklichung durch Eutonie und Zen

ECON Ratgeber

ETB 20094   DM 12,80
296 Seiten

Marie-Luise Stangl

Jede Minute sinnvoll leben

Vertrauen zu sich selbst gewinnen

ECON Ratgeber

ETB 20015   DM 5,80
123 Seiten

Marie-Luise Stangl

Die Welt der Chakren

Praktische Übungen zur Seins-Erfahrung

ECON Ratgeber

ETB 20022   DM 5,80
Originalausgabe,
107 Seiten,
49 Zeichnungen

Joseph Wolpe

Unsere sinnlosen Ängste

Wege zu ihrer Überwindung

ECON Ratgeber

ETB 20031   DM 8,80
204 Seiten

Hanns-Manfred Heuer

Mein Kind ist Jungfrau

Vom 24. August bis 23. September

ECON Ratgeber

ETB 20126   DM 6,80
112 Seiten,
10 Zeichnungen

Hanns-Manfred Heuer

Mein Kind ist Waage

Vom 24. September bis 23. Oktober

ECON Ratgeber

ETB 20127   DM 6,80
112 Seiten,
10 Zeichnungen

Hanns-Manfred Heuer

Mein Kind ist Skorpion

Vom 24. Oktober bis 22. November

ECON Ratgeber

ETB 20128   DM 6,80
112 Seiten,
10 Zeichnungen

Hanns-Manfred Heuer

Mein Kind ist Schütze

Vom 23. November bis 21. Dezember

ECON Ratgeber

ETB 20129   DM 6,80
112 Seiten,
10 Zeichnungen

Hanns-Manfred Heuer

Mein Kind ist Steinbock

Vom 22. Dezember bis 20. Januar

ECON Ratgeber

ETB 20130   DM 6,80
112 Seiten,
10 Zeichnungen

Hanns-Manfred Heuer

Mein Kind ist Wassermann

Vom 21. Januar bis 19. Februar

ECON Ratgeber

ETB 20131   DM 6,80
112 Seiten,
10 Zeichnungen

Hanns-Manfred Heuer

Mein Kind ist Fisch

Vom 20. Februar bis 20. März

ECON Ratgeber

ETB 20132   DM 6,80
112 Seiten,
10 Zeichnungen

Umwelt, Ökologie

Sabine Bahnemann

Alltagsökologie

Global denken – lokal handeln

ECON Ratgeber

ETB 20064   DM 9,80
Originalausgabe,
222 Seiten,
über 100 Zeichnungen

Robert Müller

Giftige Stoffe im Haushalt

Verhaltensempfehlungen und Richtlinien

ECON Ratgeber

ETB 20095   DM 8,80
Originalausgabe,
160 Seiten,
ca. 10 Abbildungen

E. Dölle/W. Koch

Selbstversorgung – aber wie

Unabhängigkeit für Stadt- und Landbewohner

ECON Ratgeber

ETB 20051   DM 9,80
Originalausgabe,
191 Seiten,
68 Zeichnungen

Praxis

Edgar Forster

Sich selbständig machen – gewußt wie

ECON Praxis

ETB 21001   DM 9,80
Originalausgabe,
192 Seiten

Heiner Kurt Wülfrath

Sich erfolgreich bewerben und vorstellen

Ein praktischer Ratgeber für Stellensuchende

ECON Praxis

ETB 21004   DM 5,80
Originalausgabe,
90 Seiten

Manfred Lucas

Bewerbungsgespräche erfolgreich führen

ECON Praxis

ETB 21020   DM 8,80
Originalausgabe,
ca. 128 Seiten

Manfred Lucas

Arbeitszeugnisse richtig deuten

ECON Praxis

ETB 21016   DM 8,80
Originalausgabe,
ca. 128 Seiten

Manfred Bosse

Was tun bei Kündigung?

Rechte und Möglichkeiten
des Arbeitnehmers

ECON Praxis

ETB 21014   DM 9,80
Originalausgabe,
298 Seiten

Axel Winterstein

Vorankommen durch Weiterbildung

ECON Praxis

ETB 21015   DM 9,80
Originalausgabe,
ca. 160 Seiten

Axel Winterstein

Abitur – was dann?

Berufschancen mit und ohne Studium

Mit Eignungstest

ECON Praxis

ETB 21018   DM 9,80
Originalausgabe,
ca. 176 Seiten

C.V. Rock

Berufsalternativen für arbeitslose Lehrerinnen und Lehrer

Möglichkeiten in selbständigen
und nichtselbständigen Bereichen

ECON Praxis

ETB 21006   DM 9,80
Originalausgabe,
191 Seiten

Renate Gorges

Job-Sharing

Möglichkeiten für Arbeitsstellung
und Arbeitszeitorganisation

ECON Praxis

ETB 21002   DM 9,80
Originalausgabe,
170 Seiten

Harry Holzheu

Gesprächspartner bewußt für sich gewinnen

Psychologie und Technik des
partnerorientierten Verhaltens

ECON Praxis

ETB 21003   DM 8,80
Originalausgabe,
192 Seiten

Anton Stangl

Das Buch der Verhandlungskunst

Psychologisch richtig verkaufen

ECON Praxis

ETB 21008   DM 12,80
376 Seiten

Gerd Ammelburg

Die Rednerschule

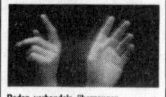

Reden, verhandeln, überzeugen

ECON Praxis

ETB 21010   DM 12,80
192 Seiten,
11 Fotos,
25 Zeichnungen

Wolfgang Zielke

Informiert sein ist alles

Die Papierflut sinnvoll nutzen

ECON Praxis

ETB 21007   DM 8,80
185 Seiten

Ullrich Sievert

Mehr Zeit für das Wichtige

Prinzipien, Methoden, Techniken

ECON Praxis

ETB 21013   DM 9,80
154 Seiten

Rolf W. Schirm

Kürzer, knapper, präziser

Erfolgreiche Kommunikation im Büro

ECON Praxis

ETB 21023   DM 8,80
112 Seiten

**Jürgen Bleis
Hellmut W. Hofmann**

Schach und Management

Wie man zum Zuge kommt

ECON Praxis

ETB 21009   DM 14,80
248 Seiten,
37 Diagramme

Antony Jay

Management und Machiavelli

Von der Kunst, oben zu bleiben

ECON Praxis

ETB 21017   DM 9,80
264 Seiten

Anton Stangl

Verkaufen muß man können

Eine praktische Verkaufs-
und Verhandlungsstrategie

ECON Praxis

ETB 21012   DM 8,80
127 Seiten

Klaus Oberbeil

Verkaufen mit Video

Möglichkeiten, Erfahrungen,
Zukunftschancen

ECON Praxis

ETB 21005   DM 12,80
Originalausgabe,
171 Seiten

Kurt H. Setz
Für ein paar Jahre ins Ausland

Erfahrungen und Tips

ECON Praxis

ETB 21011 **DM 12,80**
Originalausgabe,
205 Seiten

Kurt H. Setz
Leben, studieren, arbeiten in Großbritannien

ECON Praxis

ETB 21021 **DM 8,80**
Originalausgabe,
ca. 128 Seiten

Kurt H. Setz
Leben, studieren, arbeiten in Frankreich

ECON Praxis

ETB 21022 **DM 8,80**
Originalausgabe,
ca. 128 Seiten